The flow of love

脱单
心理学

武　海◎著

台海出版社

图书在版编目（CIP）数据

脱单心理学 / 武海著 . -- 北京 : 台海出版社，
2025. 3. -- ISBN 978-7-5168-4138-9

Ⅰ . C913.1-49

中国国家版本馆 CIP 数据核字第 2025VY4371 号

脱单心理学

著　　者：武　海

责任编辑：魏　敏
封面设计：尚世视觉

出版发行：台海出版社
社　　址：北京市东城区景山东街 20 号　　邮政编码：100009
电　　话：010-64041652（发行，邮购）
传　　真：010-84045799（总编室）
网　　址：www.taimeng.org.cn/thcbs/default.htm
E - mail：thcbs@126.com

经　　销：全国各地新华书店
印　　刷：三河市祥达印刷包装有限公司
本书如有破损、缺页、装订错误，请与本社联系调换

开　　本：710 毫米 × 1000 毫米　　　1/16
字　　数：120 千字　　　　　　　印　　张：11
版　　次：2025 年 3 月第 1 版　　　印　　次：2025 年 3 月第 1 次印刷
书　　号：ISBN 978-7-5168-4138-9
定　　价：59.80 元

作为一名长期关注年轻人情感与婚恋问题的研究者，我深知现代年轻人在情感方面的困扰。在快节奏的现代社会，工作与生活带来的压力，让越来越多的年轻人无暇顾及自身的情感世界。他们对爱情常常感到焦虑与无助，无法正确处理婚恋关系，这种趋势甚至愈演愈烈，最终由于没办法真正投入和享受健康的婚恋关系，选择单身。久而久之，这些年轻人会在情感上越来越独立，对恋爱与婚姻敬而远之，甚至谈之色变。或许在他们看来，单身是出于自身的选择。但实际上，外界无形的影响才是关键因素。在互联网和社交媒体流行的时代，年轻人无时无刻不在接受复杂的信息洪流的冲刷，不知不觉间改变以往的价值观和思考方式，对恋爱与婚姻重新定义，向往不存在的"理想化伴侣"，并在追求的过程中逐渐迷失方向。

显而易见，当代年轻人面临的"脱单"困境，已经不是简单的个人层面，而是涉及更深层次的社会与文化层面。年轻人选择单身，不光因为"没有合适的人"，还有自身对爱情的理解、对社会关系的处理上产生了深刻的矛盾：一方面，他们向往甜蜜的爱情，却又不想迎合社会对"爱情"的期待；另一方面，现代年轻人模糊了在爱情里的自我定位以及自我认知，将婚恋当成纯粹的社会"任务"，而不把它看作是自己的情感需求。而想要明悟这种现象的出现，我们不仅要重视年轻人对爱情的不安和迷茫，更需要结合社会、文化层面来理解。

编写本书的初衷，不是随便胡诌一套简单实用的速成"脱单技巧"，而是想透过当代年轻人在爱情方面的困惑，进行深刻的剖析，告诉大家"脱单难"的原因，以及在"脱单"过程中面临的困难和挑战。本书将从自我认知、情感沟通、社交技巧等多角度入手，探索克服内心的焦虑与不安的办法，指导年轻人怎样正确建立真实的情感联系，同时教会大家如何在复杂的社会环境中，找到属于自己的真正的爱情需求。本书提倡理论、实践双管齐下，能让年轻人更好地了解自身与异性，还能从容应对不同的情感"危机"，帮我们摆脱情感的困境，成就真正健康的婚恋关系。

我希望，在未来的日子里，每一位追寻爱情的年轻人，都能凭借自身的努力和成长，找到属于自己的幸福；我祝愿，每一对心心相印的伴侣，都能在尊重和理解中共同成长，开启更加幸福、更加美好的人生旅途。

目录

Chapter 1

脱单认知差，我懂你不懂

恋爱三角论
为什么说脱单是一道几何题

脱单对有的人来说信手拈来，但对有的人来说困难至极。有的人好不容易脱单了却又很难长期维持稳定的亲密关系。统观那些爱情美满的人，他们都有一个共性，就是把亲密关系的问题当成几何题来解。

你是否有过这样的困惑：

明明两个人已经确立关系，却感觉和恋爱前没有差别。
自己跟对方的关系很好，但每当想让关系更进一步时，对方却不肯答应。
曾经想跟对方永远在一起，但没过多久这种想法就淡了。
自己的恋爱总不顺，可别人总能碰到适配的伴侣。

我们还是适合做朋友。

万万没想到……

虽然想过和对方在一起，但是这种想法已经淡了。

以为和对方度过了不错的旅行时光就可以确立关系，却只收获了一张"朋友卡"。

美国心理学家斯腾伯格曾经提出过一个"爱情三角论"。在他看来，爱情是一个三角形，由激情、亲密与承诺组成。而三角形是所有几何图形里结构最稳定的，只有三者合一，才是最完美的爱，其他部分多一点，少一点，都不行。按照斯腾伯格的理论，我们可以列一个等式：

完美的爱情 = 激情 + 亲密 + 承诺

准确来说，所谓的"完美爱情"更多的是一种理想中的情况。但如果你想脱单，就得给对方营造出更加稳定的爱情结构。对方觉得和你恋爱是否靠谱，取决于等式右侧的构成因素。

❤ 如何拥有爱情

✦ 第一要素：激情 ✦

两个人能不能快速建立亲密关系，得看双方是不是"来电"，也就是说两个人在社交过程中是否能产生激情。当两个独立的异性个体，在某个场合下，忽然注意到彼此，你看到了我，我也看向了你，目光交汇时，猛地感觉心跳加速，面红耳赤，即使马上移开视线，也会在下一秒不经意地瞄向对方，继续体味着那种怦然心动的感觉，这就是激情。

✦ 第二要素：亲密 ✦

"亲密"没有"激情"那么强烈，它是润物细无声的影响。异性间如果能够营造出彼此亲近和依恋的氛围，更容易建立亲密关系。

忍不住要打断你。

嗯?

创造共同的美好回忆是产生并保持亲密的有效途径。

你做陶艺的样子很迷人。

我心跳好快!

有理有据的夸奖容易让异性对你产生好感。

保持个人魅力很重要!

✦ 第三要素：承诺 ✦

简单来讲，承诺＝约定。对恋爱而言，承诺往往分两种，一种是短期的，指的是在确定自己爱上对方时，为了建立恋爱关系做出的"承诺"；另外一种是长期的，指的是异性间为了维护恋爱关系而做出的"承诺"。

我要给你做一辈子饭。

那说定喽!

♥ 你跟谁之间才是你想要的爱情

现在很多人对"真正的爱情"很困惑。也许斯腾伯格的爱情三角理论能帮我们分析这个问题。他认为，爱情由激情、亲密和承诺三个要素组成。

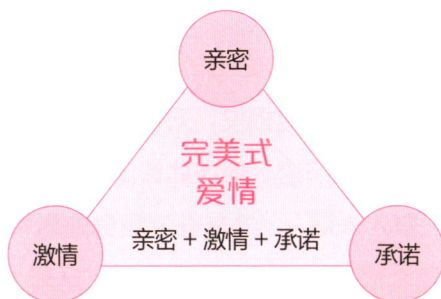

亲密

完美式
爱情

激情　　　亲密 + 激情 + 承诺　　　承诺

每个人经历不同，认知不同，导致彼此之间不仅行为方式不同，对"激情""亲密""承诺"的理解程度也不同。那么问题来了，不同程度的成分组合，会让我们收获怎样的爱情呢？我们又该如何判断对方在"激情""亲密""承诺"三者中的比重是多少？

1. 迷恋的爱——只有激情

激情是一种很强烈的情感。当它爆发出来时，冲动会支配人的身体，让人本能地迷恋引发这种情感的异性，并做出一些不可控制的行为，丝毫不在意未来，这在青春期的少男少女间很常见。但只有激情的恋爱，意味着失衡。等到激情退去，

平静、倦怠、萎靡之类的激情消退后的情绪浮现时，再去审视这份激情，恐怕只会觉得不成熟、不稳重。

2. 喜欢的爱——只有亲密

这是一种建立在亲密之上的情感。异性间经过一段时间的相处，发现彼此志趣相投，无话不谈。然而，尽管两人的关系在外人看来很亲密，但彼此都清楚，双方的关系属于"友谊之上，恋人未满"，没有奋不顾身的激情，也没有相许终身的承诺，他们或许相互理解、相互认同，可谈不上真正的爱恋，最多只能算"挚友"。

3. 空洞的爱——只有承诺

与激情和亲密相比，承诺的感情色彩很淡薄。也正因如此，在异性关系间，只有承诺的爱是空洞、苍白的，基本只出现在相亲之类的情境里。两个没有感情基础的陌生人，怎么会萌生爱呢？充其量只能算是一种两性关系上的"合作伙伴"。

4. 浪漫的爱——激情 + 亲密

如果两个人的相处模式像情侣一样，比如一起吃饭、一起看电影、一起约会……这样的关系属于爱吗？好像也不是。因为双方并没有确立恋爱关系，还算不上情侣。事实上，这是一种缺少承诺的爱：看起来浪漫，但两人的关系无

法再进一步，似爱非爱，过了今天没明天，很不稳定，是一种"假性恋爱"。

5. 伴侣式爱情——亲密＋承诺

很多异性在长期相处，或者长时间共同经营一段关系以后，都会慢慢习惯彼此的陪伴。虽然没有了曾经的激情澎湃，但亲密无间的联系与相伴一生的承诺都是实打实的，看待彼此如同家人一样。这样平淡又温馨的爱在"老夫老妻"中比较常见。

6. 愚昧的爱——激情＋承诺

现实中有一种人被称为"恋爱脑"。在他们看来，爱情如同旋风一样，来得迅捷又猛烈，挡都挡不住。坠入爱河的"恋爱脑"们情绪冲动时，能为了自以为是的爱奋不顾身，可以为了对方花言巧语般的承诺付出一切，"闪婚"通常就是在这种情况下出现的。然而，没有深入了解的亲密关系，双方最后的结局大多以分道扬镳收场。

7. 完美的爱

当有一种爱兼顾了激情、亲密与承诺，构成一个完整的三角形后，这样的爱被认为是理想中的"完美之爱"。即双方携手相伴许多年，闯过风风雨雨，在日常相处时依然饱含激情。

2 喜欢的爱

只有1个要素 →

感性的

4 浪漫的爱 ← 亲密 → 5 伴侣式爱情

完美
爱情

激情

承诺

只有1个要素 ↙

只有1个要素 ↘

1 迷恋的爱

动机或驱动

3 空洞的爱

认知性的

6 愚昧的爱

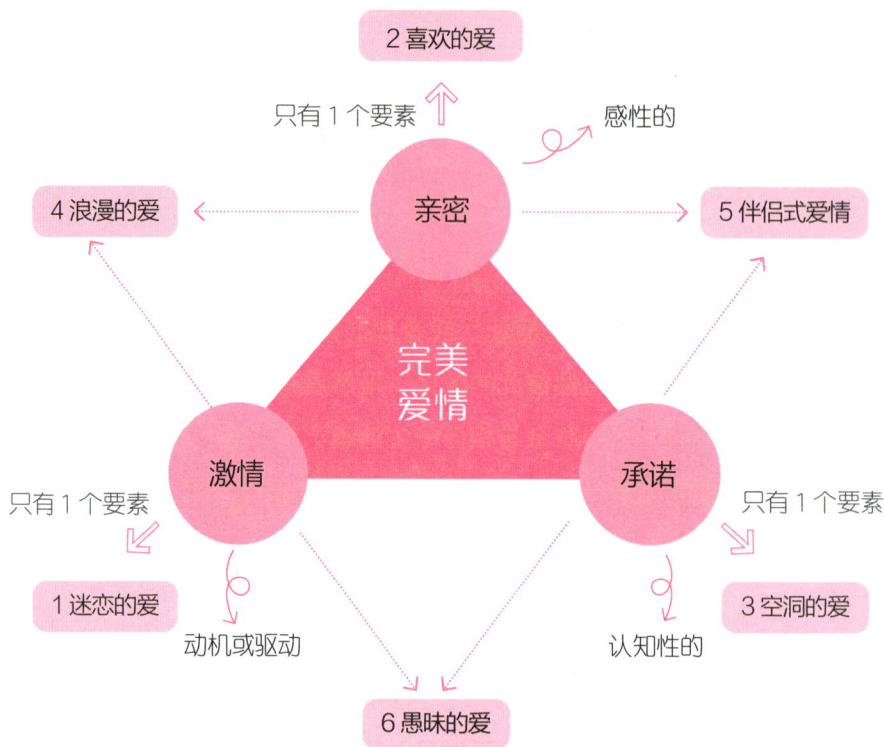

脱单不是一个人的奔赴，是两个不完美的人，共同努力经营一段完美的关系。更具体地说，脱单是一道几何题。恋爱三元素分布在三角形的三个点上。想要脱单，想要追求完美的爱，就必须在这三个点上不偏不倚，把点连线画成面，这样才能把"我"和"你"的关系推进到"我们"。

认知偏差
单相思的人往往谈不成恋爱

美国学者加里·贝克尔曾在书中提出过这样一个观点：信息的不完全，是婚恋市场寻觅配偶的实质。所谓的信息不完全，指的就是信息差、信息不对称。这种说法通常被应用于经济学领域，但在恋爱方面，它也同样适用。

你是否有过这样的困惑：

自己喜欢对方，却不清楚对方是怎么看待自己的。

为什么其他人能谈恋爱，自己依然单身？

想脱单，但不知道怎么才能遇到合适的人。

刚认识时感觉对方百般好，可在一起后感觉对方怎么像变了个人？

我也想恋爱，可是遇不到对的人啊。

她喜欢我，不喜欢我，喜欢我……

靠塔罗牌预测爱情的女孩。

靠"揪花瓣"判断对方态度的男孩。

信息差是什么？简单来讲，我知道，你却不知道，这就是一种信息差。在现实生活中，很多单身的年轻人不是不想脱单，而是在脱单过程中，他们对很多信息了解得不全面，无法触及对方的"好球区"，甚至有的"选手"连怎么认识新朋友都不清楚，这样怎么可能脱单呢？因此，想要脱单，减少信息差、打破信息隔绝是非常有必要的。那么具体该怎么做呢？

♥ 如何打破信息差

✦ 多说多聊多参加 ✦

有的人可能因为学习、工作的关系，身边的异性很少，平时也基本不怎么跟异性打交道，所以在这种情况下想脱单，就得主动迈出第一步，线上通过社交软件结识志趣相投的异性，线下参加各种社交活动，让自己多认识一些朋友。否则老是待在封闭的环境里，哪有机会去谈恋爱呢？

良好沟通，互尊互信

如果双方对彼此的了解还不深，想要更进一步，就需要开诚布公地聊一聊，尽量用坦诚的态度和语言，建立信任与尊重的关系，比如跟对方分享自己的爱好、兴趣，寻求共同话题，增强互动。如果你是一个不善言辞的人，那么就学会在聊天过程中认真倾听，要尊重对方，就算针对某个话题有不同意见，也不要贸然打断对方，而是委婉地表达出来，这是一种礼貌。

我怎么这么倒霉啊！哇哇哇……

我不太会表达，但是我想一直陪着你。

静静地倾听对方的心声，能让对方感受到被重视和理解。

及时回应，满足需求

人与人的交流不是一次性的，尤其是跟有好感的异性之间，定期深入交流一些重要的问题很重要，比如对未来有什么规划，日常生活中都有什么习惯，等等。当交流日益密切，对彼此的了解也逐渐深入后，对方就会对你倾注情感，并在日常沟通时有意无意间表达情感需求。注意，这里很关键。正确的做法是及时给予正反馈，积极的回应会让异性感受到你的真诚，体会到你的关心。如果没来得及回应也不要紧，但需要向对方说明情况，争取对方的理解，以免因为信息不透明的关系产生矛盾，要尽可能地让对方收获足够的满足感、安心感。

◆ 积极应对矛盾冲突 ◆

两个人相处得久了，感情慢慢稳定，对彼此越来越熟悉，自身的优缺点也会逐渐暴露在对方眼中。这种情况下，有些人会因为信息的错位，产生了陌生感、幻灭感，认为之前对方明明挺好的，怎么现在跟自己想得不一样了呢？于是，矛盾和冲突出现了。

在冲突中恶语相向。

被坏情绪左右。

这时应该怎么做呢？逃避或冷战，又或者继续掩饰自己的"信息"？

当然不是，那样做显然没法解决问题。想要化解矛盾冲突，最先要做的就是保持冷静的头脑，不要在情绪激动之下，做出不理智的判断与决定。然后，再和善、坦诚地与对方交流，以包容的姿态来维护双方的感情。比如直言自己确实有一些缺点，可以积极改正，希望对方能接受，等等。

💗 谨防信息差骗局

从拓展交际圈开始，到毫不掩饰地展现自我，一步步打破信息隔绝，改变信息不对称的情况，让脱单不再是"单方面透明"，甚至隔着面具谈恋爱，这才是单身男女真正想要追求的高质量脱单。

然而，现实中总有一些不道德的反例。一些人会利用"我知道，你却不了解"的信息差，为自己营造一种神秘感，比如虚构一个看起来"高大上"的身份，在你不熟悉的方面侃侃而谈，如同老练的猎人一样，慢慢吸引你的注意，博得你的好感，然后再渐渐将你引入其精心设下的情感陷阱中。

事实上，一个人对外展现出来的信息不一定是真实的，那些都只是对方想表现出来给别人看的，夸张、美化，甚至是凭空捏造，一切皆有可能……在面对这样的套路时，许多涉世未深的"小白兔"免不了会吃亏。要想不上当，我们就得去花时间观察对方，看看这个人跟自己展现出来的信息是否吻合。而这也进一步说明了，信息差有多重要。

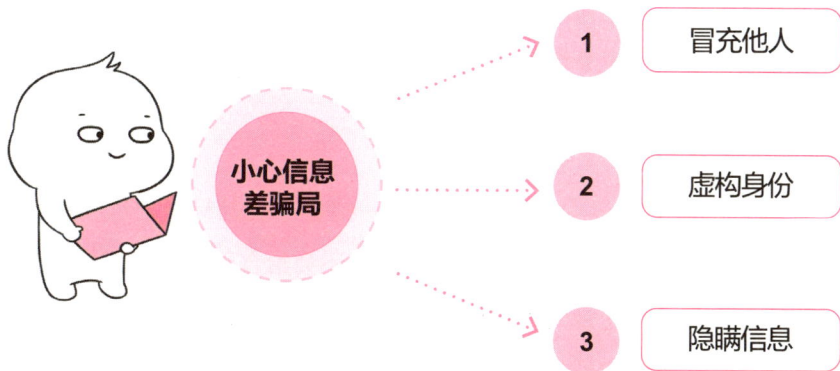

小心信息差骗局

1 冒充他人

2 虚构身份

3 隐瞒信息

吸引力法则
矮个子男性也能魅力满分

　　从婚恋市场的数据上看，矮个子男性的情况似乎不容乐观。不过，萝卜青菜，各有所爱，冰冷的数据代替不了现实。在我们的日常生活中，也不乏收获爱情的矮个子男性。甚至在一些人眼中，身高上的短板，并不能阻碍他们闪闪发光。

你是否有过这样的困惑：

身高没优势，会有人喜欢自己吗？
追不到喜欢的女孩，难道是因为我矮吗？
我俩身高差不多，他为什么能脱单？
如果能长高，她会不会选择我？

　　在恋爱自由的世界中，其实隐藏着一些看不见的标准。很多女性认为，恋爱对象身高有优势，不仅有魅力，还会给自己带来更多的安全感。所以许多女性谈恋爱时，都会在心里默默定下标准，低于心目中理想身高的男性，不是自己的首选。不过，这也不是说矮个子男性没竞争力。毕竟恋爱是一道综合题，身高也只是题目之一，吸引女性靠的可全不是身高。

♥ 矮个子男性的恋爱攻略

✦ 告别自卑，建立自信 ✦

可能有的矮个子男性因为青少年时的经历，会为自己身高的不足感到自卑，在女性面前缺乏自信。但如果你想要脱单的话，就千万不要抱着这种心理。老实讲，现在你的身高已经不占优势了，如果性格方面再自卑、不自信，那以后就基本没戏了。举个例子，你喜欢一个女孩，想加她联系方式，却对自己感到不自信。于是，你兜兜转转找到一名中间人，希望对方能把自己引荐给那个女孩。然而，女孩听完这一切后，直接拒绝了。理由很简单：你连当面和她聊天都不敢，又怎么能和她谈恋爱呢？

当然，上述例子是一种极端情况，向我们展示了内心自卑、不自信的一种后果。自信是发自内心的气场，不能不自信，也不能假装自信。因为女性往往是很敏感的，她们对男性到底有没有底气是有自己的判断的。如果你说话支支吾吾，半天不敢开口，这种露怯的表现多半会被淘汰；可若你表现浮夸，过分张扬，可能在她眼里又会成为"明明那么普通，却又如此自信"的代表。

克服不自信的心理，不卑不亢，落落大方，才是最好的做法。别在意自己的身高，个子矮怎么了？浓缩的都是精华。

我要当运动员。

我要当模特。

我要当演员。

我要……

✦ 发挥优势，扬长避短 ✦

请问，在已知自己身高不是那么尽如人意的情况下，刚建立好自信的你，应该怎么做才能吸引女孩的注意呢？注意，这是一道为每位矮个子男性量身定做的主观题。答案或许各种各样，但中心思想只有一个：找优势。比如说话风趣幽默的男性，可以想办法逗女孩开心；知识渊博，谈吐不凡的男性，会让女孩对你眼前一亮，刮目相看；擅长别的什么技能，完全可以找机会展示出来，令女孩萌生好感。总的来说，在择偶这件事上，被选择的一方都要竭尽所能，去展示自己最优秀的一面。

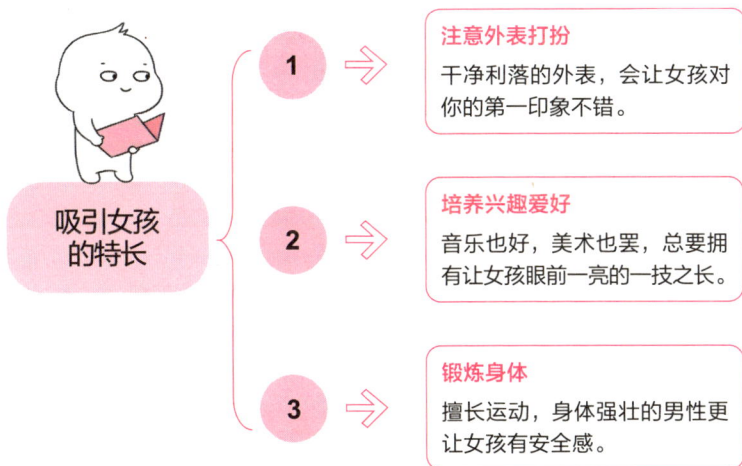

吸引女孩的特长

1 → 注意外表打扮
干净利落的外表，会让女孩对你的第一印象不错。

2 → 培养兴趣爱好
音乐也好，美术也罢，总要拥有让女孩眼前一亮的一技之长。

3 → 锻炼身体
擅长运动，身体强壮的男性更让女孩有安全感。

✦ 找准脱单方向 ✦

有的男性除了个子矮的先天因素外，别的优点很突出，但仍然没有脱单，这是怎么回事呢？

其实答案很简单，该男性当前接触的女孩可能都是显性或者隐性的"身高控"。即使表面上与男性相谈甚欢，但对配偶身高有着高要求的她们，已经在心里给男生默默判了"死刑"。这种情况下，你当然没办法脱单。

想要脱单，矮个子男性要先找到合适的对象。在与女孩接触的时候，你应该从对方那儿了解到她是否对配偶身高有要求。如果女孩是"身高控"的话，你就得遗憾地说拜拜，选择其他对身高没有显著要求的女孩。毕竟就算一开始没有开诚布公，与对方长期相处后关系也会变得不融洽，并不会有什么好结局。

一米八以下都不考虑。这是硬指标。

提前了解对方的择偶标准，避免最后不欢而散。

归根结底，择偶需要考虑的问题很多，身高只是其中一方面，并不是一锤定音的关键。现在很多身高不足的男性，有时会将谈不到恋爱的问题怪在个子矮上，然后自暴自弃，原地"摆烂"。其实完全不用这样，就像前面提到的，你只需要自信地昂首挺胸，扬长避短，多多展现优秀的方面，相信会有不是"身高控"的女孩被你所吸引的。

理想化形象
你是容易令人心动的女性吗

在快节奏的现代社会，许多女性的学业、事业步步高升，但她们的感情却止步不前，甚至一片空白，成为许多人口中的"落单青年"。这些女性思前想后，怎么也想不明白，自己到底是怎么"单"下来的。

你是否有过这样的困惑：

那些女性到底是怎么找到男朋友的？
为什么我追的男性拒绝自己，喜欢别人？
为什么朋友比我更受男性欢迎？
我该怎么让自己变得受欢迎？

单身女性常见的现象

哈哈哈！世界真美好！

为什么孤单的只有我？

白天和大伙在一起心情愉悦。

夜晚只有自己一个人时黯然伤神。

在如今的社会，单身女性很常见。她们有的谈"脱单"色变，把恋爱看作洪水猛兽，不想吃爱情的苦，发自内心地抵触谈恋爱；有的女性想谈恋爱，却求而不得，这令她们感到很苦恼，想不通自己为什么谈不上恋爱。女性怎么才能脱单？这是一个范围很广的大命题，这里不妨再把问题细化一下，然后逆转思维，先不去思考方法，而是考虑女性单身的原因有哪些？

♥ 女性单身的原因

✦ 过于独立 ✦

有的女性可能因为家庭环境、成长经历的关系，不管发生什么事，都习惯自己去面对。

这些女性不光生活独立，经济方面也很少依赖他人，对外"女强人"的气场全开，会让一些男性觉得不太好接近，产生小小的挫败感。

✦ 社交圈子太窄 ✦

有的女性是典型的"宅女"，平时放了学、下了班，就喜欢"家里蹲"，觉得家是自己唯一的避风港，不愿意参加社交活动，不想结交陌生人。久而久之，她们的社交圈子越来越小，能接触到的异性，除了一些同学、同事，就只剩下送货上门的外卖小哥与快递小哥。

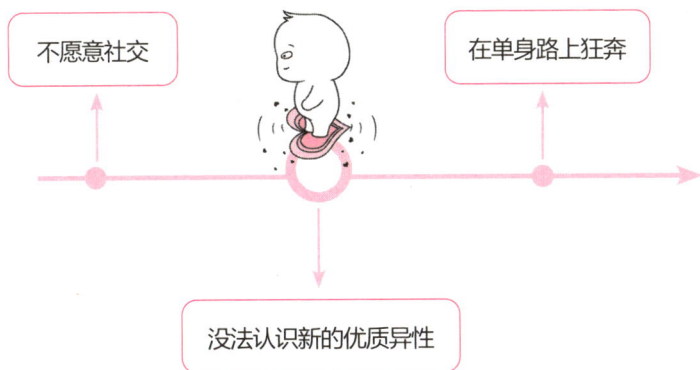

不愿意社交

在单身路上狂奔

没法认识新的优质异性

习惯被动

这类女性有谈恋爱的意愿，但积极性不高，习惯被动等待美好的爱情从天而降。

在家和公司之间保持两点一线的生活方式。

公司

家

不过，天上不会掉馅饼，更不会掉男朋友。事实上，找对象和找工作差不多，需要女性有一定的主观能动性，毕竟其他女性条件也很好，性格比你更积极，就算真有优质男性，也早被她们挑中，哪里还会轮到你呢？

看到上述的特点，应该有不少女性觉得自己被戳中了。既然已经知晓脱不了单的原因，那么接下来要做的，就是试着改掉以往的习惯，尝试让自己变成男性眼中的"心动女孩"吧。

♥ 怎么变成让人心动的女生

1. 柔弱女性更好命

前面提到过，"女强人""女汉子"的气场太强，生人不敢接近。这样很难在恋爱方面占优势。我们不如学着不那么强势，"柔弱"一些。有研究表明，很多男性对柔弱的女性更关注，尤其是遇到爱哭的女性，男性就更没辙了。其实，这跟男性的"保护欲"有关。表现越柔弱的女人，往往越能激发男人的保护欲。

需要帮忙吗？

不用，我可以的。

有反差的女孩

别逞强了，我来帮你。

还好有你，不然真搞不定了，嘿嘿！

这里要注意，保护欲不等同于爱情，最多相当于一种好感度。如果想要继续赢得男性的好感，你还可以这样做，在遇到困难，需要帮助的时候，拒绝男性的帮忙。这样在男性看来，明明那么柔弱，却又这么坚强，"嘴硬"的你显得更加可爱了。

2. 做窈窕淑女

"窈窕淑女"一词出自中国最早的诗歌总集《诗经》，意为美丽、有品行的女子，而这也是现在很多男性的择偶标准之一。美丽、有品行，这包括两种概念。前者说的是外表，后者指的是内在。

外表
美丽

内在
有品行

窈窕淑女

大部分男性都是视觉动物，看到漂亮的异性会觉得赏心悦目，怦然心动。如何让外表变美，这是一个很复杂的问题，涉及从头到脚，方方面面。比如保持好身材，可以去健身；多重视个人卫生，不要不修边幅，外出前好好洗个头；试着学习怎么化妆，还有穿搭方面的知识……处理完这些，想必你已经变成一个精致的女孩了。

说完外表，再聊聊内在。什么是内在？简单来说，就是女性自身拥有的品质，比如德行、学识、心性、教养、精神状态、表达能力、情绪管理……它没有外表那么直观，没法通过肉眼观察出来，但对女性来说，同样很重要。人都有变老的一天，外表会随着岁月流逝而发生变化，内在的种种素养也会随着岁月而积累、沉淀。甚至在很多时候，内在的厚积薄发，要比外表更吸引男性的青睐。

当然，以上种种只是帮助你尽快脱单的建议，而不是强硬的要求。毕竟，你就是你，哪怕没有成为想象中的"心动女孩"，你也是独一无二的自己。或许我们的生活方式很特别，没法被所有人喜欢，但能接受真实的你的人，一定是能包容你、最爱你的人。

恋爱正吸引
什么是神奇的脱单定律

英国作家王尔德说："爱自己是所有真爱的开始。"诚然，爱情是美好的，但不平等的爱情是糟糕的。爱人要先学会爱己。只有当自己变得光彩夺目，才能吸引更多人的注意，包括你的心上人。

你是否有过这样的困惑：

我跟现在的恋人能走到最后吗？

我现在还能吸引对方吗？

以后还会有别人喜欢我吗？

为什么我的恋爱缘很差？

咱俩能一直好下去吗？

宝贝，再问下去，我都要质疑我们的感情了。

很多人都渴求一段可以相知相伴，一起走进婚姻殿堂的爱情。然而，现实中更多的是难以持久的"快餐式"恋爱。

为什么遇到真正的缘分会这么难呢？其实，这里暗藏了一条规律：恋爱的磁场具有正向吸引的特点，好的缘分只会在不缺爱的人身边出现。当你越是渴求爱情来缓解自己的孤独时，遇到的往往都是不怎么靠谱的恋爱缘；等你心态平稳、松弛，可以更好地爱自己时，根据正向吸引的规律，在这时到来的缘分很有可能就是一生所爱。

◆ 缺爱的人与不成功的恋爱 ◆

因为真正属于你的那个人可遇而不可求，所以在这里先简单了解一下缺爱的人和他们不成功的恋爱吧。

在缺少关爱的家庭中长大的人，很难树立起正确的恋爱观。他们对恋爱的理解存在偏差，而且性格上普遍有着敏感、多疑、自卑、没有安全感的特点。一般来说，缺爱的人在恋爱方面通常有三种表现：

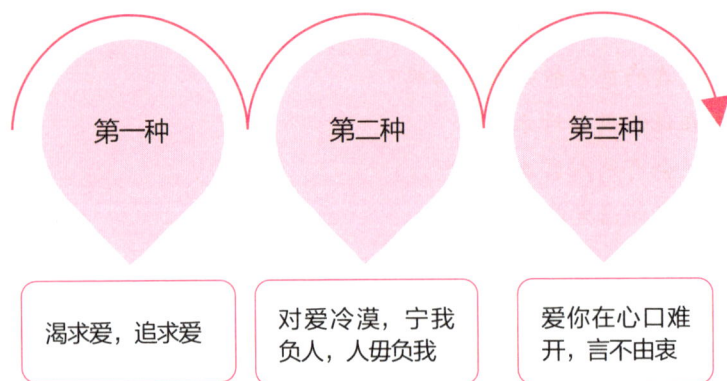

第一种	第二种	第三种
渴求爱，追求爱	对爱冷漠，宁我负人，人毋负我	爱你在心口难开，言不由衷

◆ 渴求爱，追求爱 ◆

因为小时候缺少关爱，所以长大后会主动追逐爱，需要用他人的爱来填满内心的空隙。这类人在生活中往往表现得很不自信，会为了不让别人讨厌自己，下意识地讨好对方。在恋爱方面，缺乏安全感的他们会一方面没有底线地谄媚恋人，另一方面过度敏感，要求恋人无条件满足自己。这种畸形、不平衡的爱情自然不会长久。

查岗了
查岗了
在干吗
你在哪儿
你在哪儿
和谁在一起
查岗了

◆ 对爱冷漠 ◆

因为从小没感受过爱，还经常被冷漠与暴力对待，所以长大后对爱的态度也是冷漠，甚至有暴力倾向。爱是一种能力，不是所有人都能学会正确爱人。这类人在与恋人的相处中，容易出现各种负面情绪，比如易怒、暴躁、极端、自我等。

我不喜欢你穿这件衣服，为什么不听话？

你好可怕！

控制欲过强也是极为常见的缺爱的表现。

言不由衷

对于安全感看得很重，对待爱患得患失，向往美好的恋情，又会对亲密关系感到焦虑。明明心里很爱，却因为对失去的恐惧而张不开嘴。即使说出口的话，也跟想说的原意是两码事。这样的做法只会将恋人越推越远。

别闹，我不喜欢这样。

不，你可以这样

哦，下次不会了。

口是心非的女孩　　　　　　　　　大受打击的男孩

♥ 缺爱的人该如何改变

通过上面的描述可以看出，由于成长经历的关系，缺爱的人负能量满满，当然不会吸引有缘人的目光。而从小在不缺爱的环境下成长起来的人，往往自信独立、积极乐观，散发着迷人的魅力。他们在人际关系中，大多属于受欢迎的一方，是许多异性眼中理想的另一半。在这种情况下，不缺爱的人很容易与有缘人相遇，收获圆满的爱情。

那么，缺爱的人该如何正确地谈一场恋爱，找到属于自己的另一半呢？其实很简单：与自我和解。

过去不好的经历，让他们的内心饱受摧残。他们会因为别人的一句话辗转反侧，也会为了维持友好的关系委曲求全，还会为了其他人的喜好而强行改变自己……

爱是世上最伟大的救赎。但在爱别人之前，我们更应该学会爱自己。与自己和解吧，大方地承认自己是不完美的：我长相普通，但心地善良；我身材一般，但生龙活虎；我生来平凡，但足够努力。我是独一无二的我，你也是绝无仅有的你。爱自己才会爱人，只有学会爱自己，在乎自己，重视自己，才会感受到身边不曾察觉，却又处处存在的爱。正能量的我们自带光芒，学会了怎样去爱己，怎样去爱人，不再苛求自己，能够以平和的心态去面对生活，只有这样，可靠的缘分才会踏步走来。

Chapter 2

主动破圈，解锁二人世界第一步

♥

♥

♥

扩圈运动

你的圈子越大，脱单的机会越大

在越来越多的单身青年里，除了一些确实不怎么热衷谈情说爱的人，还有很多人想谈恋爱，但找遍身边的交际圈，也遇不到合适的人选。眼看着别人爱情甜美，甚至快要迈入婚姻殿堂，自己却仍然孑然一身，恐怕不管是谁，都会感到有些焦虑。

你是否有过这样的困惑：

想告别单身，却找不到适合的人。

认识的朋友太少，没有能进一步发展的对象。

想结交志趣相投的异性，却不清楚有什么渠道。

为什么身边的朋友能脱单，自己却做不到？

在当今社会，青年男女想脱单为什么这么难呢？答案很简单，他们的社交圈子太小了。平时忙着学习、工作，没时间或者没精力社交，这就导致社交圈子被动地固定了下来，日常打交道的朋友只有熟悉的三三两两。然而，绝大部分人只会和能相遇的人谈恋爱。不热衷于社交，把自己困在原地的人，怎么能好好和别人谈情说爱呢？想脱单，只有从固定的社交圈走出去，扩大社交面，认识新朋友，才会有更多的试错机会。

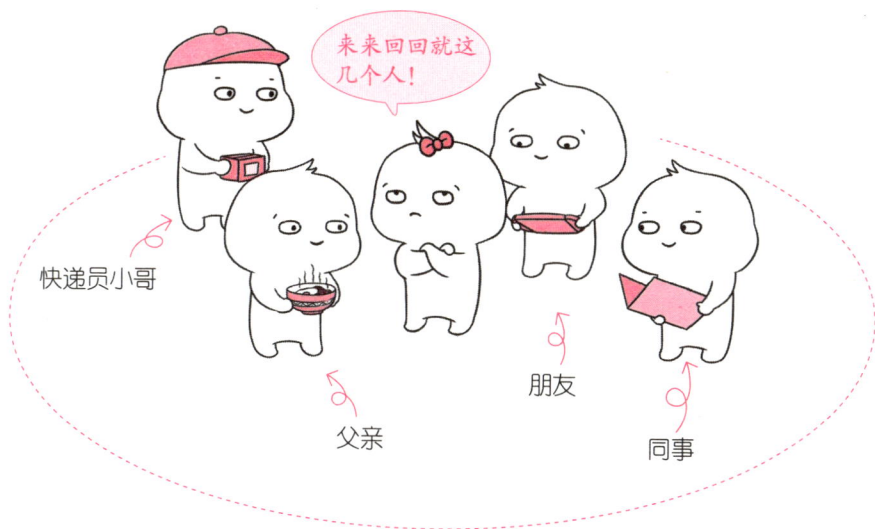

♥ 线上社交

✦ 怎么在线上交朋友 ✦

在互联网发达的当下，人们开发了各种类型的社交软件，拉近了人与人之间的距离，让许多人即使足不出户，也能实现从陌生人到熟人的跨越。如果你单身、"社恐"，又想认识异性，不妨先试试在线上交朋友。当然，网络的自由度很高，如何在万千网友中匹配到合适的对象，是一件需要认真对待的事情。

1. 如何在线上寻找合适的对象

不同的社交平台，活跃的社交用户也不一样。如果是为了脱单，最好"对症下药"。

2. 完善虚拟社交名片，塑造个人形象

不管是公开展示的个人资料，还是发布的动态信息，都能反映出你的人格特质。优良的个人形象更容易引起他人兴趣。

3. 主动出击，参加各种线上活动

多多参加感兴趣的线上社交活动，更容易找到与自己共鸣的朋友，并且能拓展交际圈。

4. 保持真诚，与他人加深联系

不夸大或者虚构自己的信息，真诚是建立信任的基石，即便是线上社交，真诚的态度也方便在未来加深你与他人的关系。

✦ 线上社交利与弊 ✦

新时代的线上社交，很适合作为当代"社恐"年轻人的扩圈首选。或许他们在线下相处时，会因为胆怯、害羞而寡言少语，但在线上交流时，没了面对面的束缚，他们更能以坦然的态度沟通。

线上拓展交际圈的方式相对简单，有时我们可以只用一句话，就与其他人建立联系。而且依靠互联网的便利，我们还能与许多人共同交流，并将他们一起纳入自己的交际圈。如果双方志趣相投，交谈十分投机，把线上社交延展到线下，进一步拉近彼此的关系。

不过，线上社交的方式虽然看起来很受欢迎，但深究起来，依然

有许多不确定性。比如我们无法确定网络另一端的人，呈现出来的形象是否真实；我们也没法隔着网络"察言观色"，判断别人的喜怒哀乐。虚拟的线上社交能拓展你的交际圈，帮你结识更多的异性，也会在某种程度上带给你孤独感与距离感。毕竟，哪怕线上聊得再热闹，人最终也要回归线下生活。

♥ 线下社交

与虚拟的线上社交相比，线下社交建立的关系要更加稳固。面对面真实的联系和互动，更容易让单身男女擦出爱情的火花。当然，想要更高效地脱单、拓展自己的社交圈，线下社交无疑是必不可少的一环。

迈出线下社交第一步

万事开头难，如果让习惯了自娱自乐的你，冷不丁变成社交达人，与任何人自来熟，那显然不现实。我们可以先降低难度，试着从自己的小圈子联系熟人，比如知交好友、同事同学，与他们一起进行社交活动。当然，作为活动组织者的你，可以和朋友们进行自己熟悉并喜爱的社交活动。如果一切顺利的话，完全可以把这种熟人间的社交活动固定下来，比如每个礼拜举行一次。等到逐渐适应这个节奏后，你就能鼓起勇气，尝试参加与陌生人相关的线下活动了。

加入感兴趣的圈子

怎样在线下社交中快速认识陌生人，并扩大自己的社交圈子？答案很简单，那就是一起玩儿。大家都是年轻人，有各自的兴趣爱好。你可以针对这一点，找一些自己感兴趣的线下圈子，比如运动圈子、影视剧圈子、阅读圈子……这样的做法不仅能充实自己的日常生活，还能结交一些志同道合的朋友，没准儿在这些人中，就有着聊得来的异性。等到时机成熟，与对方萌生爱意也不是没有可能。

◆ 相亲也是一种选择 ◆

假如对你来说，与陌生人进行线下社交的难度有些大，自己的性格压根儿不适合这么做，或者时间不充裕，那么相亲也不失为一种选择。与盲目的自由恋爱相比，相亲的效率有时会更高。参与的人只需要你和相亲对象就足够了。在一场坦率的相亲中，彼此能在较短的时间里，了解对方的个人信息与家庭状况，然后快速确认双方还有没有必要继续加深联系。尽管相亲看起来极具功利性，没有自由恋爱那么纯粹，但也为不少抽不出时间、性格内向的适龄青年，提供了接触陌生异性的机会。

陌生人

一般熟人

小圈子

亲属

个体

社交圈是一个以自己为中心的同心圆。但凡能被你归纳入圈子的，都是在年龄、兴趣、经历、学识、谈吐等方面，符合你内心的标准的人，也就是"物以类聚，人以群分"，区别无非就是亲疏远近。一旦你明确了这个概念，那么扩展圈子的行为就很简单了。接下来，你只需要积极进行线上或线下社交，按照自身喜好去接触有共同语言的陌生人，然后随着联系的加深，将对方一步步拉进自己的社交圈深层，并积极寻找脱单的时机。

单身困境

恋爱"凭感觉"≈一直单身

在男女关系中，许多人把"感觉"奉为圭臬。他们在择偶的问题上，一切跟着感觉走，成了，就是感觉对了；没成，就是感觉不对。可如果有人问他哪里感觉不对，对方又说不出个所以然来。久而久之，这类人就会成为单身市场的"钉子户"，难以脱单。

你是否有过这样的困惑：

每次与异性约会，感觉对方都不是自己要找的另一半。
自己也搞不明白，什么样的人才符合内心的"感觉"。
约会对象口中的"看感觉"是什么意思？
恋爱跟着感觉走有什么不对吗？

说到底，感觉是个非常抽象的概念，它像雾像雨又像风，飘忽不定，捉摸不透。在不同的人眼中，"感觉"可能是物质条件，也可能是身体素质，还可能是性格因素。但归根结底，感觉是我们的主观想法，不仅会被自身的情绪影响偏好，也容易受到外界因素左右。

我感觉这个方向对了！

光凭着"感觉"去选择恋爱对象，显然很难有好的结局，大概率是依旧单身。

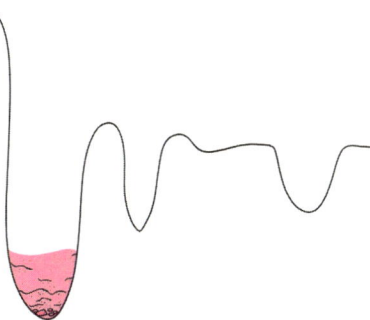

♥ "凭感觉"恋爱为啥不靠谱

✦ 没头没脑没方向 ✦

很多年轻人长期以来虽然有脱单的想法，但心里对找什么样的对象压根儿没概念。以至于每次与异性相处的时候，总是下意识地挑剔对方，觉得人家这也不行，那也不行，总之就是感觉不对或者没有感觉。当你怀揣着这样一种主观且唯心的想法，去寻觅另一半时，只会有两种结果：

结果一		结果二
⬇	VS	⬇
错过合适的人选		对方对你无感
⬇		⬇
继续单身		遍体鳞伤后，继续单身

第一种结果其实很好理解。当你的择偶标准全凭感觉的话，这往往意味着你缺乏了解异性的耐心，如果对对方的第一印象不符合自己的感觉，就会丧失加深联系的热情和兴趣，果断淘汰对方。然而，这种片面的想法，正是你错过合适的对象，难以脱单的原因。当你凭感觉选择对象时，基本都是看对方表面的吸引力，很少会考虑到对方的内在特质，以及其他因素，比如价值观、兴趣爱好等。假如你肯耐着性子深入了解对方，不去迷信主观的感觉，结果大概会变得不同。

第二种结果则是一种"浪漫主义幻觉"。举个例子，你遇到了有感觉的对象，觉得这辈子非对方不可了。然而，转折来了。面对你的追求，对方坦诚地告诉你，自己对你"不来电"。接下来是重点，如果你不死心，想方设法接近对方，那么大概率是白费功夫。又或者对方被你的诚意打动，答应跟你在一起，结果还没等你高兴多久，就发现自己凭感觉找到的另一半，其实跟自己并不搭，也许前一秒两人还卿卿我我，下一秒就成了冤家对头。

你以为、你以为……什么都是你以为，你是靠幻想活着吗？

你怎么变了！

当"浪漫主义幻觉"破碎后，双方很容易冲突不断，最后草草收场。

✦ 被消耗的动力 ✦

人的感觉是不稳定的，一会儿晴空万里，一会儿乌云密布。因此，只靠感觉谈恋爱，毫无疑问要耗费极大的精力。而如果长期寻觅不到合适的伴侣的话，追求脱单的行动力就会被消磨殆尽，转而把心思放在其他事情上，对待恋爱的态度也会慢慢变得"佛系"起来。如此恶性循环下去，脱单的希望只会变得更加渺茫。他们不是不想脱单，只是浑浑噩噩，被毫无目标的感觉折磨得丧失动力罢了。

♥ 给感觉把把关

✦ 明确脱单目标 ✦

许多人难以脱单的主要原因就是没目标，不确定要找什么样的伴侣。于是，只能凭着感觉走。这就像肚子饿的时候，拿起手机点外卖，结果翻了半天，也没想好吃什么一样。

确立脱单目标，其实是一个深度剖析自我的过程。我们需要在这个过程中了解自己的内心，确定真正符合自己心意的另一半，到底是怎样的标准，然后在标准之内找对象，成功率会比以往靠感觉择偶高很多。

✦ 理智，感觉的刹车机制 ✦

虽然仅凭感觉去找脱单对象的行为有些片面，但这并不是说在恋爱方面，感觉就不重要了。在大多时候，感觉都是决定男女关系是否会进一步发展的关键。有的人一眼万年，有的人相看两厌。感觉可以引导两个人萌生情愫，不过最终决定恋情是否能够长久的，还得是理智。感觉是冲动的本能，而理智是拴住它的缰绳。一见倾心虽然美好，但日久生情更理智，也更成熟。理智可以帮我们验证喜欢的人究竟是不是良配，否则光靠着感觉行事，奋不顾身投入恋爱之中，换来的结局只会是伤痕累累，不尽人意。

先入为主
如何做到让人一见倾心

美国心理学家洛钦斯曾提到过：人与人见面后产生的第一印象，会对将来双方的交往关系有着深远影响。这就是心理学上的"首因效应"。而这种"第一印象定胜负"的概念，除了在人际交往方面比较常见，也同样适用于恋爱关系。

你是否有过这样的困惑：

为什么只见过一面，对方就不再联系我了？

为什么有的人总能给对方留下好印象？

怎样才能让别人对自己一见钟情？

第一印象真的能起决定作用吗？

通俗来讲，"首因效应"其实就是典型的"先入为主"。如果你和异性初次见面时，给对方留下了不错的第一印象，那么你们的关系还有深入发展的可能；反之，恐怕这次见面过后，你们的联系也就到此为止了。可见在人与人的交往中，第一印象的重要性，哪怕它没法准确反映一个人的本质，存在一定误差，但在绝大部分人看来，这个人的整体形象基本就是如此了。

第一次约会

❤ 如何给异性留下好的第一印象

✦ 管理你的个人形象 ✦

在现实中，不论男女，良好的个人形象都是对外展示的"金字招牌"。就像给商品打广告，广告的品质越精良，叫卖得越响亮，对商品感兴趣的人也就越多。同样的道理，一边是举止优雅、穿戴整洁的俊男靓女；另一边是不修边幅、邋里邋遢的油腻青年，你觉得哪一方会更受欢迎呢？

这里提到的个人形象，主要是指外观方面，比如穿着打扮、个人卫生、身材发型等。中国有句俗语，叫"人靠衣装马靠鞍"，干净利落的造型，以及整洁端庄的仪容仪表，不仅会让人感到自信，也很容易使别人萌生好感，给对方留下好印象。

另外，为了提高自己在恋爱方面的竞争力，我们最好随时随地保持良好的个人形象，积极昂扬的精神面貌。因为谁也不清楚，我们会在什么时候与爱情相遇。要是想抓住爱情，给恋人留下好印象，时刻维持个人形象还是很有必要的。

精英派头的俊男靓女

VS

不修边幅的宅男宅女

注意言行举止

一个人的言行举止，往往可以反映出他许多内在特质，比如性格、修养、文化程度等。

假如你平时是那种性格大大咧咧，说话不着边际，站没站相、坐没坐相的人，那么为了将来的恋情，还请尽快改正这些不良的习惯。一般来说，得体的谈吐，优雅的举止，在大部分异性看来，都是加分项。一个人在异性面前表现得落落大方，说话和风细雨，言语风趣幽默，同时还擅长倾听，从不贸然打断异性的发言，待人接物始终都是一副彬彬有礼的态度。你觉得有谁会不青睐这样的人吗？

方式一

> 你不知道今天多冷吗，你就不能早点出门！

> 你可以找个暖和的地方等我啊，发什么脾气！

方式二

> 真对不起，今天路上太堵了，我下次一定早点出门。

> 这样啊？我怕你找不到我，一直在外面等，现在真的有点冷了。

选择重于改变
怎么找到你的真命天子 / 天女

　　杨绛说：人生最重要的一步就是选择配偶，如果这一步选错了，那往后余生每一步都是错。几乎每个人都想拥有靠谱的，能够到白头的伴侣，但很多人都被卡在了拥有靠谱伴侣的路上。

　　你是否有过这样的困惑：

　　为什么别人"桃花"不断，自己身边异性都没几个？
　　渴望摆脱单身状态，但总觉得内在的一些力量在阻碍自己。
　　为什么别人脱单那么容易，自己翻遍社交圈却没有一个目标？
　　自己恋爱总不顺，可别人总能碰到理想的伴侣。

你的承诺都是骗人的吗？

你看看你现在的样子，哪有一点温柔！

理想中爱情的样子可能是：你爱我所爱的，我喜欢你所喜欢的，但彼此可以心照不宣；又或者是一个在笑一个在闹；更可能是无话不说，彼此之间相互信任。但在现实生活中可能是：交往对象在交往前后的态度并不一致，甚至性情大变；生活习惯极差；"妈宝男""拜金女"；更有甚者碰到"杀猪盘"，人财两失。那么，如何在找寻伴侣的过程中找到靠谱的另一半呢？其实只要两步。

♥ 第一步：打破资源边界

想快速脱单就要打破资源边界。大部分人单身的核心问题就是资源问题。异性资源过少容易触发匮乏心态，从而把结果看得太重，导致你无法享受互动的过程。在一场尴尬的约会中，你的人格魅力很难表现出来。很容易在对方面前失分，那这个好感就很难产生了。

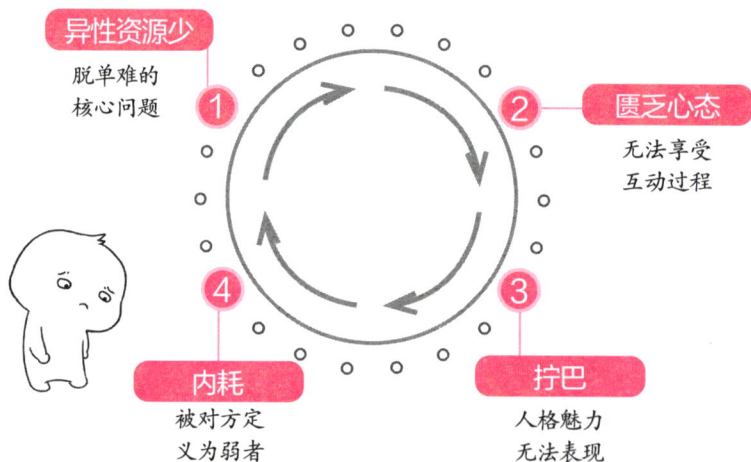

异性资源少
脱单难的
核心问题
①

② 匮乏心态
无法享受
互动过程

③ 拧巴
人格魅力
无法表现

④ 内耗
被对方定
义为弱者

单身男女都是在众多人中选最优秀的。通常和自身的优秀程度关系不大，而是取决于对手的优秀程度，在对比中凸显你的优秀。你在自己的圈子里可能是第十名，在别人的圈子里就是第一名。

♥ 如何才能打破资源边界

1. 脱离"社畜"的生活模式

将社交范围从家和公司拓展到兴趣组，登山、徒步等俱乐部，学习成长性高的地方，让你的业余生活变得丰富有趣。当你的业余生活能够涌入更多的异性时，可被你吸引的异性基数也会越来越大，脱单概率也就越大。

2. 增强外在管理能力

注重后天的外形塑造和包装，不一定要长得多么帅气、漂亮，但要有衣品和气质。

3. 大胆

遇到喜欢的异性，礼貌性地要联系方式，就算被拒绝了也不会有什么损失。

4. 放下面子

让朋友从其他圈子给你介绍，毕竟通过不断地介绍，你甚至能认识全世界的人。

5. 最好避开相亲和社交软件

这两个渠道难度比较大，横向对比的空间大，且资源参差不齐，试错成本高。

♥ 第二步：筛选靠谱的另一半

在寻找另一半的过程中，我们希望对方不仅是一个合适的伴侣，更是一个值得信赖、能够共同成长的人。为了判断是否真正能遇到一个靠谱的伴侣，我们需要一套明确的标准。这些标准不仅包括责任心和行动力，还涉及人品、价值观、情感稳定性等多个层面。具体来说，我们要关注对方的内在品质、生活态度、解决问题的能力以及与自己的需求的契合度。通过细致地观察与深入地沟通，我们能够更好地识别那些能够在未来与我们共同面对挑战、携手前行的人。

低原生家庭伤害 ＋ 成长型心态 ＋ 有规划有责任 ＝ 靠谱

一聊：老朋友 + 父母

当你有了一个认为可以交往下去的另一半时，一定要识别他到底是不是你的真命天子。你可以组一个局，比如吃饭、唱 K 之类的。然后，让对方叫上几个自己的兄弟，你再叫上自己的姐妹一起出来玩。俗话说得好，"物以类聚，人以群分"，观察一个人身边的朋友，就能大概了解到他是一个什么样的人。如果他的好兄弟都是举止轻浮、没有素质甚至有些粗鲁的人，那么他私下里也极大概率是这样的人。但是如果他身边的哥们儿都比较绅士，对人有礼貌，而且情商高、懂分寸，那么基本上他也会是这样的人。接下来就是接触他的家人，看他的家庭氛围。聊聊小时候他成绩如何，如果他成绩倒数他的父母是如何做的，等等，间接的可以了解他的父母对他的要求以及掌控欲。这直接影响你们未来的生活方式，同时还能了解对方是否存在原生家庭伤害。

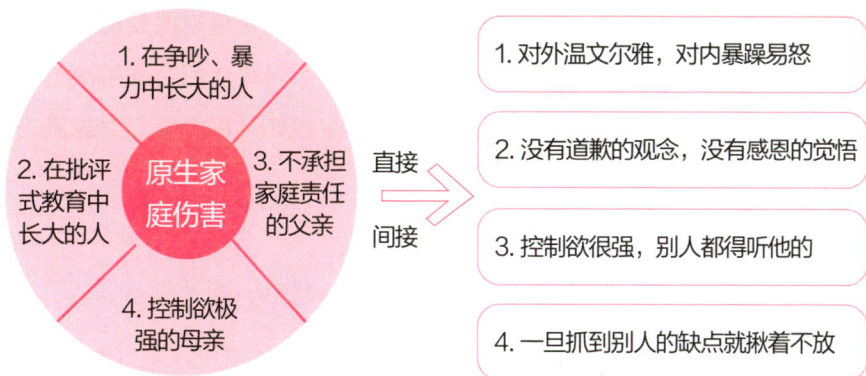

二分：固定型心态 or 成长型心态

了解一个人对工作和生活的要求能够很好地分辨对方是成长型心态还是固定型心态。拥有固定心态的人通常认为他们的性格、能力在很大程度上是无法改变的。

当你很开心地和拥有固定型心态的伴侣分享你今天学插花这件事时：

拥有成长型心态的人正好相反，他们相信事情是可以改变的，两个人结果如何取决于在情感中付出多少努力。出了问题他们会找解决的方法，而不是逃避、掩盖、冷暴力甚至放弃。在相处过程中你们会越磨合越好，分手的概率非常低。

◆ 三看：看他是否对约会有具体安排 ◆

不管你们的相识是通过网络还是相亲，还是在生活中刚刚认识并且有意向发展，你们的第一次约会都是一个值得重点参考的因素。如果对方对于你们第一次的约会，有着详细的计划安排，第一，可以看出来，他是否重视这件事情；第二，可以看出他是否是一个做事之前，有提前规划习惯的人。通过第一点可以看出来他对你的重视程度，通过第二点则可以看出如果你们成功发展，在一起之后，他会不会是一个生活上没有规划的人。

旅行计划都是我一个人做的。你只会袖手旁观。

你做得比我好啊。

警惕以爱为名
识别脱单骗局

爱是神圣的，爱是纯洁的，美好的爱情人人向往。然而，在当今社会，存在一批险恶的骗子，打着恋爱、脱单的旗号，哄骗相信爱情的人，从他们的身上榨取钱财，更严重的甚至导致人财两空。这样的恋爱谈起来，伤心又伤财。

你是否有过这样的困惑：

在婚恋平台交了钱，为啥也难以脱单？
恋爱对象多次向我索要钱财，我该不该给？
网恋对象推荐的软件能打开吗？
为什么骗子伪装的身份看起来那么真实？

近年来，社会上的单身人士越来越多，并且有逐渐向大龄化发展的趋势。海量的单身人士不光推动了婚恋市场的繁荣，也滋生了一些不法分子的阴暗心理。他们像蜘蛛一样编织出一张张大网，打着爱情的旗号，将倒霉的单身人士骗到网中紧紧束缚，并且不断吞噬掉对方的财产。这些不法分子的诈骗手段花样百出，令人防不胜防，许多单身人士深受其害。

♥ 那些常见的"甜蜜陷阱"

✦ 精神控制 PUA ✦

"PUA"是英文"Pick-up Artist"的简写，原意是指人磨炼社交技巧的行为。但如今的意义已经变了味儿，特指在两性关系中，一方对另一方实施精神操纵与情感控制行为。

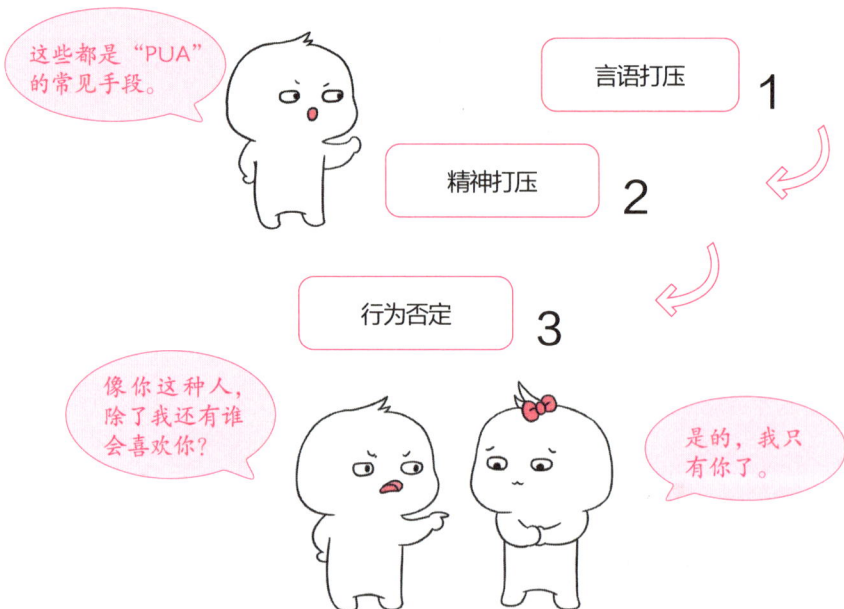

这些都是"PUA"的常见手段。

言语打压 **1**

精神打压 **2**

行为否定 **3**

像你这种人，除了我还有谁会喜欢你？

是的，我只有你了。

"PUA"除了控制精神与情感，还有更恶劣的手段，那就是像"杀猪盘"一样诈骗受害人的钱财。

层层套路"杀猪盘"

"杀猪盘"是一类很常见的情感骗局。犯罪分子在婚恋网站或者社交平台上广撒网、多捞鱼，利用受害者渴望爱情、急于脱单的心理，表面上与受害者谈恋爱，等花费一段时间获取信任后，他们就会想方设法从受害者手里骗钱，像借钱投资就是骗子最常用的借口。等到钱骗到手，受害者没有利用价值后，骗子就会立刻人间蒸发，只留下损失惨重的受害者欲哭无泪。

"杀猪盘"时间跨度长，骗局精细，期间很难被识破，衍生了不少名词术语。

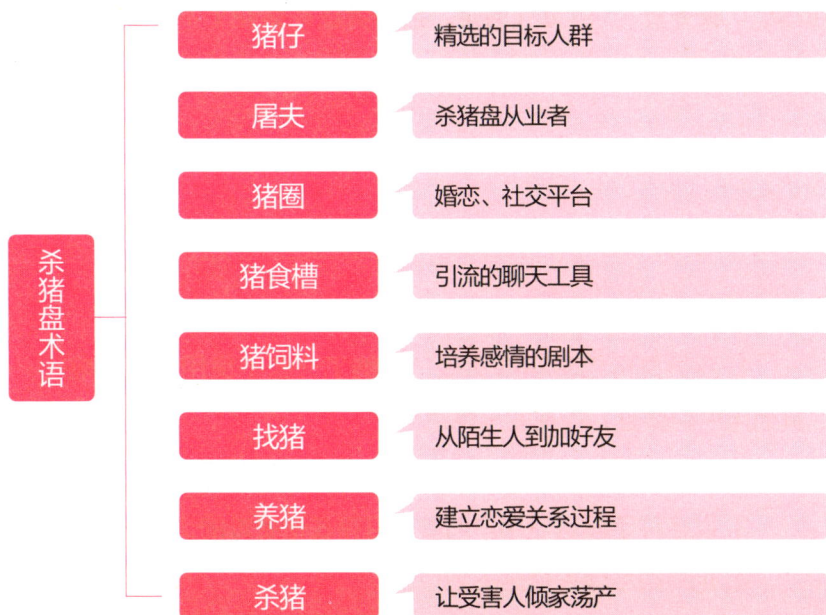

杀猪盘术语		
	猪仔	精选的目标人群
	屠夫	杀猪盘从业者
	猪圈	婚恋、社交平台
	猪食槽	引流的聊天工具
	猪饲料	培养感情的剧本
	找猪	从陌生人到加好友
	养猪	建立恋爱关系过程
	杀猪	让受害人倾家荡产

职业的相亲骗局

一些骗子将恶意精准定位到家境贫寒的大龄单身男青年身上。骗子们利用对方急于婚恋的心理，假意与受害人谈恋爱。等到谈婚论嫁的时候，根据习俗向男方索要高额彩礼，不给就不结婚。而男方迫于无奈，只能砸锅卖铁，凑足钱交给对方。当钱骗到手以后，骗子会故意制造家庭矛盾，最后带着钱财逃之夭夭。这种职业骗亲多是团伙作案，为了不被发现身份，常常打一枪换一个地方。

婚恋平台的"天价"服务

为了服务广大急于脱单的单身人士，各种婚恋网站应运而生，帮人们解决了不少婚恋问题。然而，市场大了，难免会鱼龙混杂。一些婚恋平台为了赚黑心钱，抓住消费者想脱单的心理，诱导他们缴纳高昂的"会员费""服务费"。但可气的是，消费者往往钱花了不少，服务却一点也没享受到。

婚恋平台暴露的问题：

1. 会员身份信息审核宽松，吸纳了一些不良用户，影响其他用户的体验，存在安全隐患；

2. 发布的信息、广告过于虚假、夸张，容易误导用户；

3. 以各种手段诱导用户消费，且存在退费难的情况；

4. 用户隐私保护措施不到位。

✦ 网恋诈骗害人不浅 ✦

骗子在社交平台上将自己精心包装成优质单身人士，有时还会假装成军人、警察之类的特殊身份，专门诱骗对自己感兴趣的人。隔着网络，用花言巧语，以及虚构的身份骗取受害者信任。然后发给受害者陌生链接，又或者要求受害者下载特殊软件，一旦受害者依言照做，骗子设计好的病毒就会将受害者的钱财转移走。

在多元化的时代，骗子的手段五花八门，与时俱进。对此，大家也要提高警惕，千万不要被那些"以爱之名"的骗子所蒙蔽。如果大家不小心真的受骗了，请一定要到公安机关报案，拿起法律武器捍卫自己的权益。

Chapter 3

向外探索，美好约会的进阶秘籍

♥

♥

♥

邀约奥秘

这才是约会的正确打开方式

莎士比亚说：恋爱的人去赴他情人的约会，像一个放学归来的儿童；可是当他和情人分别的时候，却像上学去一般满脸懊丧。无论是陷入热恋中的情侣，还是对彼此抱有好感的男女，约会都是让双方关系升温的有效手段。

你是否有过这样的困惑：

为什么心仪的对象不肯答应自己的邀约？

约会的地点选在哪里更加合适？

为什么明明线上聊得火热，但线下见面后却相对无言？

约会过后，怎么感觉彼此的关系更加疏远了？

约会的目的是什么呢？吃吃喝喝，放松娱乐？不，当然不是。约会是异性建立更深入的亲密关系的第一步。在这之前，或许你与对方已经认识，在社交软件上是好友，平时聊得热火朝天，彼此萌生了朦胧的好感。你觉得自己应该勇敢地迈出下一步，加深双方的联系。于是，约会的选项浮现在脑海里。那么，到底怎么做才能算是一次成功的约会呢？很简单，迈出以下三步就可以。

✦ 第一步：让对象接受邀约 ✦

你看到这里，可能会轻蔑一笑：不就是请人出来约会吗？多简单的事，分分钟搞定。可事实上，很多人都在这看似简单的第一步上折戟沉沙，然后表现出非常不理智的一面，消耗了异性对他们的好感，以后再想深入交流，难度翻倍。在正式向对方发出约会邀请前，来一起看看下面两种错误示范。

这周末晚上7点，我们一块儿去看电影吧。

不好意思，我周末有事儿。

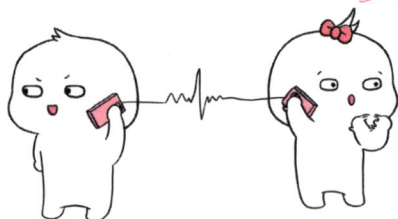

过于具体的邀约

那周一呢？周二也行，我随时有时间。

抱歉，我最近都很忙。

过于执着的邀约

看明白问题出在哪儿了吗？第一种邀约的方式过于具体，连时间、地点以及要做什么，都被定好了，生硬得像在谈工作、约客户，这显然很难让对方产生答应的欲望。第二种也很典型，不管对方是不是真的没时间，死缠烂打式的邀约，除了降低好感，大概不会再起什么好作用。

如何正确邀约？

邀约就像影视剧里的广告植入，如何在聊天过程中"丝滑"地提出约会邀请，是一门学问。首先，我们得找到能聊下去的共同话题做铺垫，引起对方的兴趣，这样才有提出邀约的

借口。

吸取教训，不要急着说出一个有详细时间、地点的邀约。万一对方没做好准备，或者对你的好感没那么高，被拒绝的概率是很大的。如果把邀约的细节用"有机会""下次"之类的词汇模糊掉，会降低对方的警惕，被拒绝的风险变小了。

要是对方接受了你发出的"模糊"邀请，说明你们之前的交流没有白费。接下来，你可以找个合适的时机再次发出约会邀请。当然，这次的邀约是具体的、正式的。

正确的邀约方式

1 ➡ **乘胜追击**
找合适的时机，再次发出具体且正式的约会邀请

2 ➡ **给对方留余地**
用"有机会""下次"之类的词汇模糊掉邀约时间

3 ➡ **发现对方的兴趣点**
找能聊下去的共同话题做铺垫，引起对方兴趣

✦ **第二步：做好约会前准备** ✦

我们要明白一个逻辑，约会的目的是让彼此的关系升级，因此约会前夕人们通常会感觉很紧张，拼命思考见面以后的种种情境，焦虑自

己表现不好怎么办，焦虑对方不喜欢自己怎么办……那么我们可以做一些准备工作，让约会的目的顺利达成。

进行外在形象管理

· 外在形象不仅影响了我们在与对方相识初期如何被感知和判断，还会影响我们的信心。你不需要名牌加身，但一定要搭配得当。

正向心理建设

· 能接受你的约会邀请说明对方对你有一定的兴趣，否则他没有必要浪费时间跟一个完全没兴趣的人碰面。而且对方是信任你的，不然不会选择单独见面。同时，积极的心态也会影响对方的状态。

了解对方的喜好

· 聊天时，必须要有可以聊开的话题，否则就是无效的。不要"沉默是金"，拿着手机戳戳点点；也不要滔滔不绝，只顾着说自己感兴趣的话题。在约会前要好好了解对方感兴趣的话题，在约会中才能有的聊，有的聊才能让约会氛围热起来。除此以外，多了解对方的兴趣点还会让对方感觉到你的诚意，为你加分。

✦ 第三步：巩固约会的成果 ✦

一切都像计划的那样，约会进行得很顺利，你们心情愉悦、精神高涨。但分别的时刻总会到来，这场约会也要结束了。不过，先别急着告别，结束约会也是这场约会里很重要的一个环节。要知道，有时人们在评价一样事物时，结束体验时的感受往往会占据很大比重。而这个感受是正面的，还是负面的，就得取决于你自己怎么做了。

大部分不成功的约会都是因为双方相处起来不舒服，建立一个正循环关系上升的通道就相当于约会的通关秘籍。在约会结束时，做一些正能量的小动作，比如送件小礼物、嘘寒问暖等。或者在约会结束后，与对方积极沟通约会时的感受，争取下一次约会，一步步巩固优势，建立更深厚的亲密关系，这些都有助于让此次约会形成一个很好的正循环。

约会结束时做些充满正能量的小动作。

4 开启下次约会

3 影响氛围

有来有往的聊天让约会氛围热起来。

说到自己的兴趣点，对方逐渐打开心扉。

2 影响对方

1 自信

你很自信，对对方的兴趣点很了解。

把握相亲节奏
相亲不尴尬的五大方法

相亲在很多单身男女看来确实是一个比较严肃的话题，因为它通常被视为一种寻找结婚对象的方式，而不是自由恋爱过程中的浪漫探索阶段。这让两个之前从未见过面，甚至听都没听说过彼此的异性坐下来直接聚焦于未来的长期关系和婚姻的可能性谈何容易？以至于许多人对相亲谈之色变。

你是否有过这样的困惑：

跟相亲对象坐在一起该聊些什么呢？

我该怎么向相亲对象介绍自己？

为什么我的相亲现场气氛总是很尴尬？

相亲遇到意外情况该如何处理？

都说"相亲年年有，尴尬特别多"，确实，对很多人来说，不得不与一个陌生的异性在一块儿谈婚论嫁，那种场面想想就让人头皮发麻。但也别把相亲想得那么可怕。相亲可以提供一个结构化的平台，使得单身者能够在较短的时间内接触到多个潜在的伴侣，从而让单身者更有效地找到与自己的价值观和生活目标相符的伴侣，让平时不积极、不主动的年轻人有了更多接触异性的机会。如果你还在担心相亲时可能面临尴尬，那么就来学学下面几种方法吧。

♥ 相亲不尴尬的五大方法

✦ 方法一：准备轻松的开场白和话题 ✦

在相亲的第一次见面中，对话很容易陷入尴尬的沉默，我们可以通过简单的问候和分享兴趣来化解尴尬，可以轻松地打破沉默。比如说："你好！今天的天气真不错，你喜欢这种天气吗？"或者"最近看到一部很有趣的电影，你有什么推荐吗？"这些简单的开场白可以让谈话顺利开始。

如果你事先了解对方的一些兴趣爱好，可以在谈话中提到，比如："我听说你对摄影很感兴趣，有没有最近拍的照片可以分享一下？""我最近刚去了一个很棒的展览，让我想起了你喜欢的那个艺术家。"

方法二：使用开放式问题促进交流

开放式问题可以帮助你更深入地了解对方。例如："你最近有什么有趣的旅行经历吗？我最喜欢的地方是海边。""你平常喜欢做些什么来放松自己？"如果你有与对方类似的经历或者兴趣，可以分享一些相关的故事，比如："我之前也曾经尝试过学习法语，虽然挺有挑战，但真的很有趣。"这样可以建立共鸣和连接。

方法三：展示自信和轻松的态度

保持自然和真实，不要过于紧张或者刻意。保持自然的表达方式，展示出真实的个性和兴趣。例如，在谈到自己的爱好时，可以自信地表达："我最喜欢的活动之一就是登山，有几处景色超棒，你有空的时候我们约一次户外？"同时，在沟通过程中要善用身体语言，在谈话中适度地使用微笑和眼神交流，可以增加友好的氛围。当你听到对方说话时，通过眼神交流和微笑来表达你的兴趣和支持。

方法四：选择活动性质的相亲和共同体验

在相亲场地的选择上也是有技巧的，有活动性质的相亲场地会让首次相亲更轻松。比如一起去品尝新的餐厅或者参加当地的音乐活动。这种方式不仅可以减少面对面交流的尴尬，还能让你们在共同的兴趣中建立起更深的联系。

方法五：找话题但管住嘴

在相亲现场，初次见面的两人在简单寒暄过后，肯定会有些拘束，这是正常的。但为了不冷场，我们要立刻找话题，把气氛"炒热"。但一定要记住，得找不那么尖锐，又不是无关紧要的话题去聊，千万不能交浅言深，直接去触碰别人的隐私，这很容易引起对方的反感，让这次相亲告吹。尽量避免谈论可能引起争议的话题，如政治、宗教或个人生活的隐私问题。保持谈话的轻松和积极是树立良好印象的关键。同时确保言行一致，无论在公共场合还是私人交流中，都要保持一致的礼貌和尊重。这包括在行为举止和言辞表达上都要考虑到对方的感受和舒适度。

合适的话题	不合适的话题
·吃喝玩乐 ·兴趣爱好 ·社会事件 ·影视娱乐	·查户口式的问话 ·打听家庭背景、财产收入 ·傲慢的说教式打压 ·情感经历

爱情攻心计
让异性倾心的三大策略

　　爱情既不会从天而降，也不是大风刮来的。它需要人们自己去追寻、去经营。只有懂得主动的人，才能拨动伴侣的心弦，在爱情上占据优势，为两人的未来谋求无限的可能。

你是否有过这样的困惑：

到底怎么做才能让异性怦然心动？

为了追求对方，我付出了许多，为什么得不到回报？

如何分清异性对自己是不是有好感？

为什么异性会认为我跟对方不是一路人？

除了他，其他人都是"浮云"。

在这个看似"抓心"的世界里，吸引异性不只是靠一腔热血，一味地主动或是被动都是没有结果的，更需要理论支持和实战技巧。当我们遇到怦然心动的对象时，用靠谱的方法追求对方，更容易收获甜美的爱情果实。

❤ 攻心策略的三大法宝

✦ 策略一：建立相似性，走进异性的生活 ✦

与有好感的异性谈恋爱，首先你得让对方注意到自己，否则一切都是空谈。参加相亲"赛道"的相对简单，在介绍人的牵线搭桥下，一般在开局就能获得异性的联系方式，并在对方那儿留下一个基础的印象；而追求自由恋爱的年轻人，想在异性身边留下存在感，可以主动出击，面对面大胆地向对方展示自己。例如，对方可能因为共同的爱好如登山或者喜欢相同类型的电影而被你吸引

✦ 策略二：增加互动频率，获取异性的好感 ✦

对于被你索要联系方式的异性来说，你充其量只能算是个刚认识的陌生人，一定对你还怀着警惕、戒备的心理。因此，在这个阶段，你一定要注意，千万不能急于求成，过度向对方表示你的爱意，那样只会把对方吓跑。你可以循序渐进地拓展进度，比如适当更新社交状态，向对方展示自己平时的生活；可以经常与对方聊天，但切记点到为止，不能逾越界限。如此一步步稳扎稳打，等到双方关系慢慢熟络后，再尝试进一步加深联系。当你逐渐介入对方的生活中，令对方习惯了你的存在时，你脱单成功的概率也就大大增加了。

✦ 策略三：建立情感共鸣，了解真实的对方 ✦

当你与对方已经建立了初步的联系，接下来你要做的就是加深这段联系。在一次深入的交谈中，一个人能够诚实地表达自己的情感和想法，而对方能够理解并与之产生共鸣，这种互动能够加深彼此之间的感情联系。同时你可以通过对方公开的社交状态，去研究对方的兴趣爱好，然后活学活用，把自己的发现应用到聊天中。有了感兴趣的共同话题，对方才会升起继续聊下去的动力。而在这个过程中，异性也会觉得跟你在一起的时候特别轻松愉快。显而易见，这种正向的反馈会无声无息地推动对方，萌生出与你进一步加深关系的想法，这无疑是一种策略上的胜利。

· 相似性

· 人们往往更容易对和自己有相似之处的人产生好感。例如喜欢同一本书或同一种运动的人，在交流时更容易找到共同话题，能够迅速拉近彼此的距离，增进感情。

⇩

· 互动频率

· 互动频率，也称为接触假设。频繁接触的人更容易建立起积极的情感联系，因为时间足够长，彼此可以更深入地了解对方，建立信任。

⇩

· 情感共鸣

· 能够真诚地表达情感并建立共鸣，对于吸引他人同样至关重要。

♥ 攻心策略的实施步骤

1 打破冰封是开始一段关系的关键。通过共同的社交圈子或兴趣爱好，寻找机会进行初步接触。例如，共同参加健身课程或音乐会等社交活动。

积极倾听对方的想法和感受，表达真诚的关怀和理解。例如，对于他们的工作或兴趣，表现出真诚的兴趣和好奇心。 **2**

3 通过共同参与活动或体验，深化彼此之间的了解和情感联系。例如，一起探索新的旅行目的地或参加有趣的户外活动。

在适当的时机表达你的积极情感和对对方的欣赏。例如，当你感觉彼此之间有了一定的亲近感和信任基础时，轻柔地表达对他们的品质或特质的喜爱。 **4**

　　主动出击、如影随形、知己知彼等"爱情攻心计"看似是在耍手段，但实际上反映的是人们对真爱的尊重与重视。只有你对待爱情认真了、动情了，对方才会感受到你的真诚，并真正对你动心。

寻找关键词

如何让两人间的话题停不下来

聊天是一门语言的艺术。会聊天的人，可以与别人话题不断地聊上几个小时；而不会聊天的人，可能在三言两语间就终结一段可能在未来萌芽的感情。其中的区别怎么会这么明显呢？

你是否有过这样的困惑：

不知道该跟异性聊什么。

明明感觉聊得火热，对方却态度冷淡。

对方侃侃而谈，自己完全插不进话题。

我讲的对方不感兴趣，对方讲的我不感兴趣。

……以上是我对这件事的看法。

哦哦，是这样啊。

侃侃而谈的男孩

完全不感兴趣的女孩

追求异性，与对方聊天的时候，最担心的事就是：聊着聊着突然没了话题，可又不能冷场，于是只好费尽脑筋，拼命"尬聊"；或者刚开始还聊得好好的，结果没说两句话就把天聊死了。这样的情况在现实中比比皆是。为什么聊天这么难呢？其实，主要是你没有掌握正确的聊天技巧。如果你能学会下面的聊天方法，就能让话题在两人间轮转，"嗨"到停不下来。

❤ 如何与异性聊天话题不间断

✦ 发言倾听对半分 ✦

聊天就像羽毛球、网球这样的体育运动，讲究有来有回。在一段对话中，一方侃侃而谈，说个不停，而另一方兴致寥寥，总是在倾听，很少发言，那么这段对话很难再继续下去。同理，在异性交流方面，可能有的人喜欢主动表达，但每次都喜欢长篇大论；有的人习惯听对方发言，自己却不怎么发表意见。如此不对等的交流，自然在话题来回几次以后，就陷入了无话可说的局面，然后彼此大眼瞪小眼，谁也不说话。

如果不想让你们的关系陷入无话可说的尴尬境地，一定要记得"对等"：你可以发表意见，也可以默默倾听，但整体比例要基本保证五五开。正确的做法是你先表述观点，然后再抛一个问题给对方，你保持倾听，只有这样才能让话题继续下去。

✦ 摆正姿态，不高不低 ✦

在相亲中，有一种常见的错误聊天方式叫"查户口式聊天"。通

你父母是做什么的?

你做什么工作啊? 薪酬多少?

天哪!

家里有没有兄弟姊妹?

有房有车吗? 全款还是贷款?

俗理解，就是不停地追问对方问题，恨不得一口气把对方的家底查个干干净净。

这种聊天的姿态居高临下，比起询问，更像是审问，压迫感十足，完全没把自己与他人放到对等的位置上，聊天自然也就没法继续下去了。不过，如果在聊天时摆出一副低姿态，把所有话语权都交给对方，这看似很有礼貌的行为，同样是不对的。一味地顺从只会让话题戛然而止，只有不卑不亢，摆正姿态，对于对方的观点敢于提出异议，才能让你们的话题继续深入下去。

引导话题，激发情绪

聊天是两个人的事。如果一方热情，一方冷淡，那聊天自然无疾而终。为了让两人间的话题顺畅地继续下去，你可以在发言的时候，多输出自己的观点，在聊天内容上做文章，引起对方想要附和或者反驳的兴趣，这样也能把话题继续下去，没准儿将来会有意外的惊喜。

为了让对话顺畅地延续下去，关键在于如何引导话题并激发对方的兴趣。

你可以主动分享自己的观点和见解，让对方感受到你的思考和情感。例如，如果你们在谈论旅行话题，你可以说："我一直觉得旅行的意义不单是去看不同的风景，更是去感受不同地方的文化气息。比如上次去京都，我真的被那里的传统茶道文化深深吸引。"这样的表达不仅能展示你的兴趣，还能让对方产生共鸣或好奇，从而愿意参与讨论。

引导话题时，可以根据对方的兴趣点进行适当调整。如果对方热衷于某个领域，比如运动或美食，你可以主动围绕这些话题展开，分享一些相关的信息或个人经验。例如，"我最近开始尝试做自制比萨，发现自己也可以做出相当不错的味道，你有做过类似的料理吗？"这样的交流不仅能拉近彼此的距离，也能引发更深层次的互动。

通过巧妙地引导话题、表达观点并激发对方参与的兴趣，聊天不仅能顺利进行下去，还可能更深入地了解彼此，建立更强的情感连接。

暗示与引导
如何让心上人主动约你

约会的本质是两个互有好感的人，约好在某个地方会面并进行各种有趣的活动。理论上，这是男女任意一方都可以提出的行为，也可以是双向奔赴。但在现实生活中，似乎男性主动邀约女性的现象更常见。

你是否有过这样的困惑：

不好意思主动约对方怎么办？

对方提出约会我该怎么做？

我该怎么让对方主动提出邀约？

努力半天，对方依旧没有提出约会，该放弃吗？

怎么还不约我？

在恋爱关系方面，女性大多时候都是矜持的一方。即使遇到心动的另一半，她们也只是被动等待，很难张口去主动邀约对方，因为那样做会显得目的性太强。不过，为了不错过优秀的白马王子，女性也有一套自己的引导约会的套路。她们会在聊天互动时，用言语引导异性，让对方主动提出约会邀请，并且还会让他们觉得，这一切都是自己主动萌生的心思。

♥ 如何引导心上人主动邀约

✦ 制造交集，社交吸引 ✦

再优质的男性，如果跟你素昧平生，社交圈没有半点交集的话，也只能远远观望。不过没关系，人生没有交集的话，我们可以自己制造。举个例子，对方是个养宠物的高冷帅哥，你可以向他表示，自己也想养宠物，但还是个新手，所以想向他多咨询。又或者把东西故意落在对方面前，等到对方捡到追上来的时候，也可以顺势向他表示感谢，索要联系方式，请他吃饭。瞧，交集这不就有了吗?

当你选中了目标以后，可以线上线下双管齐下：线下时刻管理好个人形象，让自己360°无死角，始终都是美美的；线上定期更新社交状态，增加"曝光量"，保证对方总能了解到自己的生活近况，让他慢慢被你吸引。

✦ 语言暗示，话术诱导 ✦

在掌握了对方的联系方式后，想让他邀约自己就简单多了。你只需要在平时的聊天过程中，装作对他的话题很感兴趣，就能满足对方的心理需求，引导其说出更多话题。这时，如果具备正常情商的男性，一定会主动提出见面的邀约。但要是对方没有反应，就需要你进一步的"暗示"。比如坦言自己什么时间休息，可以随时出来玩，或者自己最近有想去的地方。而这种话语无疑会给对方一种"暗示"：你"有机可乘"，还不快主动来邀约我？

✦ 激起对方的保护欲 ✦

一般来说，很少有男性会拒绝弱小女性的求助。在这种情境下，双方见面也就成了顺理成章的事情。等到对方帮完忙，你还可以以答谢的名义，继续与他"约会"，慢慢培养感情。但你要是不幸遇到了传说中不通情理、低情商的"钢铁直男"，最好还是另寻他法。

男朋友在时

我打不开这瓶水。

我来！

男朋友不在时

换个桶装水，对我来说，小意思！

Chapter 4

向内思考，好的亲密关系要沟通

♥
♥
♥

快速破冰
哪些话题可以破解相亲的尴尬

相亲是独身青年找寻终身伴侣的重要方式之一。一场成功的相亲，关键在于双方到底能不能在短时间内建立起合理、有效的沟通，让聊天氛围变得轻松、良好。然而，这对于原本只是陌生关系的青年男女，可不是一件容易事。

你是否有过这样的困惑：

相亲时不知道跟对方聊什么？

相亲时冷场了，怎么办？

相亲对象问了许多问题，该如实回答吗？

跟相亲对象聊天话题的范围到底是什么？

从本质上讲，相亲也是一种社交形式。彼此不怎么熟悉的青年男女坐在一起谈婚论嫁，尴尬与冷场是很常见的事。在这种时候，想要打破僵局，促成相亲活动继续下去，选对话题很重要。有效的话题不仅能让现场氛围变得融洽，也能帮助双方增进交流，更好地了解彼此。

♥ 打破相亲现场尴尬的那些话题

✦ 餐饮美食 ✦

　　从理论上讲，第一次参与相亲的两个人，基本都会将餐厅作为首选地点。这是一个合适的环境，能满足饮食、交流等多种需求。在这样的环境里，如果没话题，又不想莫名其妙地"尴聊"，聊聊美食是不错的选择，且比较贴合场景。而且美食的话题也很容易发散。比如你问对方喜欢吃什么食物，如果对方回答了，就可以根据回答来引申到更多方面。举个例子，相亲对象喜欢吃辣，你可以顺着这个方向聊下去，向对方介绍好吃的辣味菜肴，哪里的饭馆辣菜好吃，甚至聊聊含有辣味的菜系文化。假如你不太喜欢吃辣，也能沿着这个方向展开聊聊为什么不喜欢辣、以前被辣到过的经历等。

✦ 兴趣爱好 ✦

谈论共同爱好是拉近两个人关系最快捷、最便利，同时也是避免"尬聊"的最常见的方法。毕竟大部分人肯定希望自己的另一半，能拥有跟自己相同的兴趣爱好，那样以后的生活肯定不会无聊。当然，要是你跟相亲对象聊了半天，发现彼此没有共同的兴趣爱好也没关系，权当了解了一下彼此。

✦ 社交圈子 ✦

想要进一步判断一个人值不值得深交，了解一下对方的家庭、朋友等交际圈，往往就能得出结论。很多时候，家庭环境决定了一个人的成长经历，塑造了他的性格与三观；而朋友圈也能忠实反映出对方的价值取向。与相亲对象聊聊这些，不仅不会冷场，也能方便你从侧面了解对方。

✦ 日常生活 ✦

"工作忙什么""假期怎么过"……这些看起来琐碎的话题，通常可以反映出一个人平时的生活状态。与相亲对象聊聊这些方面，很容易打开局面，拓展话题。比如对方说了工作内容，可以展开聊聊工作上的一些趣事；对方说了放假待在家追剧，可以深入聊聊各自看的影视剧，找找共同话题；要是对方说假期喜欢出门旅游，也可以聊聊各地的风土人情、风景名胜等。

✦ 其他有趣的话题方向 ✦

相亲聊天时的话题可以不必中规中矩，多说一些有趣、轻松的事儿，比如谈谈愿望，聊聊理想，再展望一下未来，或者讲一些漫无边际的话题，比如小时候的梦想之类的。这些话题看似发散，但对放松相亲氛围有帮助，能帮助彼此架好深入沟通的桥梁。

相亲禁忌话题

幸福递减

这些方法可以远离一谈就崩

法国哲学家丰特奈尔曾说过这样一句话："幸福的最大障碍，就是期待过多的幸福。"在恋爱关系中，如果一开始对异性怀有过高的期待，那么未来在一起时间久了，很可能就会感到失落、沮丧，进而萌生一个念头：为什么对方好像没有那么爱我了？

你是否有过这样的困惑：

为什么刚恋爱时，你和恋人如胶似漆，如今却相看两厌？

恋爱时间长了，怎么连和恋人好好聊天都没耐心了？

为什么感觉对方对自己的态度变得冷淡了？

怎么每次在一起都要吵架？

在婚恋关系里，一直流传着一个叫"七年之痒"的说法。意思是原本一对相爱的人，在一起时间久了，就会产生倦怠的心理，进而影响彼此的感情。这种现象其实就是"幸福递减理论"的最佳论据。所谓"幸福递减"，简单来讲，就是指人在一定条件下，对某些事物产生的幸福感、满足感，会伴随事物的数量的增长而慢慢减少。

刚恋爱时

你这么看着我干吗呀？

因为你太好看。

恋爱久了

一会儿吃什么？

哎呀，刚刚不说了吗？都行都行！

❤ 为什么恋人间会爱着爱着就不爱了

✦ 过度期待的爱会消失 ✦

人们对美好的爱情总是充满向往，对自己的另一半也同样十分期待。这就导致他们在恋爱以后，难免也会对恋人心存幻想，希望对方能够成为自己想象中的"完美恋人"。然而，很多时候，很多事情难以向人们期望的方向发展。多数情况下，当人们对爱情投入的期待越高，换来的失望也就越大。当这种失望积攒的越来越多，即使恋人曾经再优秀，彼此的关系再甜蜜，爱的感觉也会被逐渐削弱，产生"对方不再爱自己"的想法。举个简单的例子，对于小朋友来说，吃到好吃的糖果就是幸福，而在成年人看来，即使买了房，换了车，收获的幸福也未必有多大，也就是说期待的阈值越高，获得的幸福感越弱。

✦ 被适应的爱不再瞩目 ✦

恋人刚在一起的时候，你侬我侬，恨不得时刻黏在一起，是许多人眼中幸福的一对。可相处的时间久了，双方会感觉曾经火热的激情消失不见，牵着对方的手，如同左手牵右手，再也没了当初的悸动。这就像购物一样，刚买的东西你非常珍惜，当用的时间长了，对它也就没那么看重了。事实上，每对有情人当初能走到一起，都是因为爱情。但激情似火的爱终究会回归平淡，在持续相爱的过程中，很多人会习惯并适应了这种爱，不再如同过去那样，觉得恋人稍微做一点小事，都感到无比幸福，反而认为如今的恋人越来越没爱了，哪怕对方依然像以前一般温柔体贴，也难以感到满足。

✦ 付出与回应的不平衡 ✦

恋爱不是一个人的独角戏，而是两个人你来我往，共同参与的影

视剧。在需要互动的关系中，一个人单方面的付出，不是长久之计。或许对方一开始很爱你，能够没有怨言地甘愿牺牲自己，但长此以往，你若无其事，自私享受的态度，迟早会让对方感到失落和绝望，不平衡的付出与回应，只会消减你们之间的爱的分量，影响你们的关系。

♥ 如何才能爱得更长久

✦ 小惊喜能保持新鲜感 ✦

恋爱时间久了，摸透了彼此的言语和行为模式，这就导致双方的爱情注定会沉淀下来，变得平淡。举个例子，每年对方的生日，你准备的礼物基本都是同一件物品，这让对方很难对礼物抱有期待。那么，让我们换个思路。如果你换了生日礼物，是不是会让对方感到意外和感动呢？实际上，在日渐平淡的日常里，为对方准备一些小惊喜，正是保持爱情新鲜感的秘诀。而这些"小惊喜"往往很简单，本质上就是一些对方喜欢的，却又出乎他意料的事。

维系对幸福的敏感

热恋期的情侣总能随时随地感受到幸福，可一旦过了这段热乎的时期，他们相处时的矛盾，似乎就把曾经的幸福冲刷得所剩无几，最终落得一地鸡毛的结局。其实，在这段恋爱关系中，幸福或许从始至终也没有流失，而是你对幸福不再敏感了。过去的你能因为温柔的拥抱、言语的鼓励这些小事感到幸福，但随着时间的推移，当你对这些微小的幸福习以为常，即使恋人再做同样的事情，你的内心也会变得波澜不惊，有句话叫"身在福中不知福"正是同理，只有等你跳出幸福的环境，才能感受到幸福的珍贵。因此，在恋爱时，要保持住对幸福的敏感，才会在未来察觉到更多的幸福，更长久地爱下去。

坦然交流，回顾感情

在一段亲密关系里，切勿隐藏自身的情绪，压抑自己的心情。不要以为你们的关系足够亲密，即使你不开口，对方也能猜到你的心情变化。人的内心是多变的，很多时候连人们自己也没法准确说出自己下一秒的心情。因此，双方坦诚地好好沟通很重要。你可以把之前一段时间对恋人的感受告诉对方，跟对方说明哪些事或行为，是让你感到愉悦的，又有哪些是让你不爽的。注意，不要用指责的态度，要保持心态平和，可以以开玩笑的语气讲述，这样不仅能随时解决恋爱关系中产生的矛盾，也能巩固两人的恋情。

述情障碍
为什么不能和恋人好好说话

　　法国作家蒙田曾说过："语言只是一种工具，通过它我们的意愿和思想就得到交流，它是我们灵魂的解释者。"相爱的异性可以用语言交流对彼此的爱。然而，现实中很多人不会好好将爱说出口。

你是否有过这样的困惑：

明明很在乎对方，却没法把爱说出口。
跟对方沟通怎么这么难！
为什么每次没说几句话，就会吵起来呢？
想象不到自己对别人说爱的样子。

吵架中的情侣

他终于来找我了，但是我绝不能给他好脸色。

你来干什么！

我来找你，你却甩脸色……

"我爱你"只有短短三个字，但对一些人来说，这是一句难以说出口的"魔咒"。不仅如此，他们还习惯用指责的语气、打压的态度，来向爱人宣泄怒火。难道"爱"就那么难以启齿吗？莫非这些人就不能好好说话吗？当然不是！

♥ 为什么不能与恋人好好说话

恋爱中的沟通困难，往往是多种因素共同作用的结果。这些困难可能源自不同的情感需求和行为模式，影响着双方的互动和关系。我们可以大致将其分为以下三类：

沟通技能差

不健康的控制欲 ｜ 情侣间沟通不畅的原因 ｜ 渴望自己的内心需求被发现

✦ 不健康的控制欲 ✦

一段健康的亲密关系的建立，需要爱和尊重。但有的人为了确立自己在这段关系中的强势地位，常常以恶言恶语来斥责、贬低对方。通过这种恶劣的手段，实现自己糟糕的控制欲，达成掌控恋人与控制亲密关系的目的。

✦ 沟通技能差 ✦

沟通是一种需要后天学习的技巧，如果你小时候没学会怎么与别人好好交流的话，那么长大以后，尤其是在亲密关系方面想做到好好沟通真的是要下功夫了。举个例子，在你还是个孩子的时候，父母以及其他师长对你常常打压、指责，那么成年后的你在面对爱人时，最擅长的沟通方法也往往是指责和打压，没办法好好用正确的言语交流，很轻易说出伤害爱人内心与精神的话，这是一种非常不恰当的行为。

◆ 渴望自己的内心需求被发现 ◆

情绪是人们面对周遭的事物、现象以及人时，发自内心产生的一种感受。身为人类，不管是谁都拥有情绪。不过，有的人在情绪波动时，能很好地控制它，不会让其影响自己的言行，而有些人则不然，他们在遇到让自己情绪剧烈波动的人或事时，没法好好调节、控制，以至于他们在面对恋人时，不仅不能以冷静的态度与对方交流，还会像一挺机关枪一样，从嘴里不停地喷吐出子弹，用这种方式宣泄愤怒。其实每一次情绪失控，都代表他们内心中的某些需求需要被看见。

或许我可以尝试说出我的想法。

悲伤　焦虑　愤怒

认同　尊重　安全　交流　理解

♥ 如何学会对爱人好好说话

以暴力的语言去对待你的爱人，换来的只会是疏远与爱情的终结。一段健康的恋爱关系，是不应该吝惜开口说爱的，只有平和愉快的交流，才会让你与爱人的沟通更加舒适。

倾听与理解

在面对亲密爱人时，先别急着让内心的主观情绪占上风。因为此时的你还不具备跟爱人好好沟通的能力。因此要先尽量站在客观、中立的角度，给予对方尊重。在对方发言时，千万不要以恶劣的态度去打断，更不要急着去争辩。你要做的是管住自己的嘴，先去倾听，然后试着站在对方的角度去理解对方的感受。

客观地观察

试着抛开个人情绪，以旁观者的姿态，来冷静观察爱人的言行，不要贸然给自己看到的事情下定论。等到你开口时，不要动辄去指责和评价。举个例子，如果恋人睡了懒觉，绝对不能说出类似"你真懒"这种批判的话，而是要换成更委婉的语言，比如"你今天睡到现在才起来"。要记住，表达观察的事实永远要比表达评价、指责，更加令人心情舒畅。

✦ 委婉表达真实感受 ✦

当你被问及对某件事物的真实感受时，应该怎么回答？嘴上不留情面，用言语指责并攻击别人，还是说委婉的以"我"为开头的语句？比如"我感到""我想到"。相信只要心中还怀有对爱人的爱恋之情，基本都会选择后者。

✦ 清楚表达需求 ✦

在与爱人交流时，学会好好说话，如果有什么需求就明确说出来。当然，在讲明需求的时候，千万要注意态度和语气。想必你的爱人一定不会喜欢被人用命令的口吻对话。这样做只会换来对方的反感，让亲密的关系变疏远。因此，我们应该多向爱人表现出正面、积极的态度，表达出明确、具体的请求，而不是埋怨的态度、责怪的语气，要时刻记住一点，交流的态度决定未来生活的温度。

失败的"冲锋"

怎样提高表白的成功率

表白，是异性关系发展过程中至关重要的一步。一旦成功，意味着一对有情人一同迈入人生新阶段；如果失败，虽然不是一件丢人的事，但对异性双方造成的影响也是难以估量的。

你是否有过这样的困惑：

表白应该用怎样的形式？

明明气氛很好，为什么表白被拒绝了？

虽然表白成功，为什么却没有谈恋爱的感觉？

好朋友突然来表白，应该答应吗？

想用藏宝图进行表白的男孩。

"不解风情"的女孩。

成功的表白有一个统一的标准，那就是表白过后，异性双方的关系确实更进一步。而失败的表白，则各有各的失败。但总的来说，表白的成功率，往往因人而异。可能很多人在表白失败后，还感到疑惑，明明感觉很到位，怎么实际操作起来却铩羽而归了呢？也许看完下文，你的疑惑将会迎刃而解。

♥ 不合时宜的表白只会失败

✦ 刚认识就去表白 ✦

当你对一位初次见面，或者没见过几次面、接触时间比较短的异性有了好感，并且萌生了想要立刻告白的心思，那么一定要注意，世界上绝大部分的感情，都需要时间来培养与沉淀。一见钟情式的爱情确实有，但终究只是少数。如果你贸然去向对方告白，很大概率会让异性感到莫名其妙，认为你有些轻浮，而且双方都不了解彼此，感情也没有进展到很亲密的程度，在这种情况下告白，结局已经可想而知。

◆ 大动干戈式的表白 ◆

有人表白喜欢大张旗鼓，恨不得让全世界都见证自己的爱情。他们往往会选择在公众场合，设计一些看似巧妙的环节，然后拉上一堆围观群众，向异性表白。事实上，在很多时候，表白都是一件比较私密的事。而你的做法除了感动自己，只会让被表白的一方感觉非常不自在，最终面对这种近乎"道德绑架"的表白，选择拒绝。

◆ 情绪波动下的表白 ◆

如果异性近期遇到了什么事，导致情绪波动很大，负面情绪占上风，那么也不应该去告白。因为在当时的氛围下，如果你去表白，那么心情不好的异性既没工夫搭理你，也没办法感受到你的心意，反而还会觉得你实在不懂事，非得凑上来给自己添加负担。同理，如果你也处在情绪不稳定的阶段，也不要急着去表白，毕竟关系到人生大事，要是自己状态不好，影响发挥，那可就后悔莫及了。

✦ 忙碌时 or 节假日时表白 ✦

当异性忙着做其他事，顾不上与你多接触的时候，也不是表白的好时机。本来工作、学习上的压力就够大了，你再进行表白，只会让对方分心，觉得压力更大，因此表白很难成功。而在节假日进行表白，虽然听起来有些浪漫，但却是个不怎么高明的主意。因为一旦表白失败，再浪漫的氛围也会荡然无存，到时候现场只会更尴尬。

✦ 在对方不愿意时表白 ✦

在与异性接触过程中，当对方明里暗里表现出对你没什么兴趣，或者表露出只愿意跟你做朋友的态度时，就不要再尝试表白了，以免表白失败后，彼此关系变得尴尬，连朋友都没法做。

💗 怎么提高表白的成功率

一般来说，表白是一段关系的催化剂。因此，我们在表白以前，一定要好好评估双方的关系，并注意以下几点关键要素：

情感基础

提高表白
成功率的方法

尊重对方

选好时机与
地点

真诚心意

1. 打好情感基础

指的是你与对方是否具有一定的情感基础。比如认识多久了？平时的互动多不多？有没有出去约会过？……只有具备一定的情感基础，表白才能有比较高的成功率，否则对方对你都不熟悉，只会把你的表白当成无理取闹。

2. 选好时机与地点

表白时应该选择一个相对私密，没什么外人的环境，最好现场只有你们两个当事人。而表白最佳的时机，就是你们的心情都比较放松的时候。在这样"1+1"的条件下，相信表白成功并不是什么难事。

3. 真诚心意

表白最重要的就是把你的心意，诚实地传递给对方。因此，在表白的时候，切记不要含糊其词，而是用直白的语言，表现出你的诚意与真心。

4. 尊重很重要

不管什么时候，建立一段亲密的关系的基础，都理应是爱与尊重。如果对方没有接受你的表白，就算再失望，也一定要保持风度，对异性的回复表示尊重和理解，不能表露出消极、抱怨的态度，那样只会让现在尴尬的关系更加糟糕。

Chapter 5
做好管理，顺利度过磨合期

♥

♥

♥

疑心生暗鬼

你知道什么是"恋爱焦虑症"吗

恋爱，是构成人生的重要部分之一。它本应该是充满甜蜜和愉悦的。但有的人却在恋爱关系里，陷入了焦虑、自卑的情绪内耗中，经常患得患失，盯着另一半的一举一动疑神疑鬼。这种现象无疑会让两个人的恋情出现危机，影响人们的情感健康。

你是否有过这样的困惑：

为什么恋人总是偷偷翻看自己的手机？

如果另一半消息回复慢，自己就会感到焦虑。

为什么恋人总是莫名其妙地发脾气？

另一半总是记不住自己说过的话，他是不是不爱我了？

你连今天是什么日子都忘了，果然不爱我。

拜托，我也没想到你会把咱俩第一次一起吃煎饼果子当成纪念日啊。

恋爱焦虑、恋爱内耗是很多小情侣都会面对的问题。这些问题的出现，究其原因，除了跟个人的成长经历、心理因素、情感状态有关以外，还离不开交际圈与社会环境的影响。恋爱前，也许你在生活中积极乐观，工作上游刃有余，但当你步入爱河后，随着时间的推移，你的情绪可能会变得越来越不稳定，进而做出一些过分的行为，导致你与恋人的关系岌岌可危。

💗 恋爱焦虑与内耗时的表现

✦ 过度依恋，时刻期待亲密陪伴 ✦

很多人在恋爱时期，都会不由自主地对恋人产生依恋心理，享受恋人的陪伴与宠溺，这其实很正常。但有的人在谈恋爱以后，对恋人的依存感非常强烈，甚至到了一种令人不寒而栗的程度。这些人会特别希望恋人陪伴自己。如果恋人因为某些原因不在身边，心里就会感觉七上

八下，没有安全感。而且他们还会时刻关注恋人的动向，随时随地给恋人发消息，追问恋人身在何方，什么时候能回来。如果恋人没有及时回复的话，这类人就会立刻陷入焦躁不安的情绪中，不停地联系恋人，并且态度、行为还会随着时间的推移，变得越来越激烈。

✦ 反复试探，测试恋人是不是真情实意 ✦

有些人恋爱后，会在恋人面前表现得特别"作"：无缘无故发脾气、总提出一些过分的要求、态度颐指气使、说话的口吻全是命令……而这种"作"本质上是内心缺乏安全感。他们在过去或许因为一些经历，导致在情感上受到伤害，进而对感情产生了畏惧、不信任的心理。于是，为了不让自己在新的感情里受到伤害，确定恋人是不是真的爱自己，开始通过反复试探的方式，来多次向恋人讨要"爱"的证明，即使这种行为会磨损两人间的感情，他们也难以收手。

要求另一半陪自己去蹦极这种行为表面上看似是在寻求一个刺激的共同经历，但实际上是在用"极限挑战"来衡量对方的爱和承诺。通过这种方式，他们希望看到对方是否真心愿意为自己做出不舒适或不情愿的事情，从而证明恋人对自己的爱。

✦ 控制欲强，入侵恋人的生活空间 ✦

有的人在确定恋爱关系后，会表现出对这份感情的强烈控制欲。他们总爱对恋人提出这样或那样的要求，并对恋人品头论足，丝毫不在意恋人的隐私与自尊。总是堂而皇之地无视恋人的意见，屡屡侵犯对方的私人空间，比如翻看恋人手机、到处打听恋人的情史、逼着恋人说自己的各种秘密等。长此以往，这段恋爱关系很难维持下去。

♥ 如何缓解恋爱焦虑

1. 相信自己是被爱的

首先我们要细心感受处于焦虑时的心情以及身体反应，告诉自己"我是值得被爱的"，来慢慢管理处于失控边缘的情绪，与此同时，练习冥想等调节情绪的技巧，减少焦虑情绪，逐渐改变频发的自我怀疑心态。

2. 建立边界感

在你陷入感情的焦虑与内耗，做出不理智的行为以后，不妨试着换位思考，站在你的恋人的角度去思考问题：我是不是做得有些过分了？别再让焦虑与内耗消磨你的爱情，拖垮你的恋爱关系，要有边界感，学着尊重恋人，留给对方一定的私人空间。

3. 就事论事

很多时候，两个人之间的问题只是芝麻绿豆大的问题，当一方加以揣测后，问题的性质就变了。他没有第一时间接你电话，或是忘记和你说晚安，你就认定了你们的感情已经变淡了。这种武断的揣测，才是亲密关系中最大的隐患。在错误的揣测中去寻求一个错误的结论，再根据错误的结论去和对方争执一个错误的结果，结局无疑会两败俱伤。我们不妨回到最初的问题，就事论事，表达需求的同时也给对方留些空间和时间。

4. 寻求支持

如果自己没有办法应对在心中涌动的焦虑，可以试着求助专业的心理咨询师。他们会比身边的亲人、朋友更加客观，同时专业性也更强。让来自第三方的"铁锤"砸醒自己。总之，你要时刻记住自己并不是孤军奋战，战胜恋爱焦虑、内耗，指日可待。

关系瓶颈

为什么话题变少，天天想吵

恋人在一起时间长了，度过你侬我侬的热恋期以后，难免会因为各种事情发生争吵，这本是很正常的现象，毕竟人都有自己的想法，没有谁是谁的"应声虫"。可一旦争吵越来越频繁，彼此能正常沟通的话题也变少了。

你是否有过这样的困惑：

总是因为一些小问题去吵架。
在一起时没有好好聊天的欲望。
感觉彼此间的共同话题变少了。
吵架的欲望越来越强，沟通的欲望却越来越少。

有什么事你不能好好说吗？

好好说你会听吗？光洗袜子这件小事我都重复多少遍了！

没有人能够确保自己的恋爱历程始终如诗如画，充满浪漫。当双方的情感状态发生波动时，这种变化往往会直接在恋爱关系中体现出来，而争吵便是最为常见的一种表现形式。值得注意的是，适度且温和的摩擦，在某种程度上，非但不会给恋情带来负面影响，反而可能成为双方沟通的催化剂。但是，剧烈且频繁的争吵，无疑会对恋爱关系的稳定与质量造成严重影响，甚至可能给恋情带来毁灭性的打击。

♥ 为什么恋人话题变少，总是在吵

✦ 热情消退，激情不再 ✦

当你还处于热恋期的时候，与恋人如胶似漆，亲密无间。充满激情的两人洋溢着对爱情的憧憬，每时每刻都有说不完的话题，即使双方因为观念、习惯的区别发生小摩擦，也能用爱化解。然而，当两人相处的时间越来越久，刚恋爱时的新鲜感就会慢慢减弱，情侣们可能会陷入日常生活的单调中，重复相似的活动和对话，导致两人之间的话题变得枯燥和有限。同时，彼此在对方眼里的"滤镜"也会消失，许多现实、个性带来的差异问题暴露出来，热恋期消退的激情再也遮掩不住两人间的矛盾。于是，频繁且剧烈的争吵发生了。

✦ 琐事困扰，忙忙碌碌 ✦

随着生活中其他事务的出现，例如工作压力、家庭责任或个人成长，情侣们的关注点可能会发生变化，导致他们对彼此的交流产生影响。这些生活琐事往往会消耗人们更多的时间与精力，以至于一天下来，两人筋疲力尽，头晕目眩，只想倒头就睡，哪还有多余的心思去跟恋人聊天，激情满满地谈恋爱呢？

◆ 隔阂矛盾，嫌隙渐生 ◆

其实很多时候，情侣间的矛盾都是从小事慢慢累积起来的。有的情侣因为平时习惯上的差异，以及沟通与表达情感的方式有问题，导致有了矛盾没能及时化解。慢慢地，小矛盾成了大矛盾，双方的隔阂与嫌隙也会变得越来越深，能够愉快地谈论的话题逐渐变少，反倒是引起争端和争吵的话题变多了。

◆ 情绪失控，爆发冲突 ◆

如果平时生活、工作或者学习的压力太大，就会产生焦虑，耐心也会消磨殆尽。以这种徘徊在失控边缘的情绪去面对恋人，很容易会因为一点小事引发负面情绪，过度情绪化，与恋人爆发激烈的争吵。

♥ 如何让恋爱里的话题变多，争执变少

情侣间很多争端的出现，都有不会好好说话的关系。如果不想激化你与恋人间的矛盾，就学着正确有效的沟通技巧，比如积极表达自身感受与想法、换位思考理解恋人的难处、少说多听等。

热恋期过了没话题？只要有爱，就完全没问题。试着去

寻找情侣间的共同爱好。如果实在没有，那么就去积极培养一些。当两人的交集越来越多，话题自然越来越多，随时保持恋爱关系的新鲜度。

恋人间需要的不是频繁的争端，而是更多的扶持和理解。学会包容与接纳对方，共同努力，一起去面对生活中的艰难险阻，积极迎接挑战。只有经历了坎坷磨炼的感情，才会变得弥足珍贵。

♥ 为什么有的恋人会越吵越甜

✦ 探寻矛盾的根源 ✦

在亲密关系中，矛盾常源于双方需求的不平衡。这种情况就像是一场"供需大战"，需求多少不匹配时，矛盾就容易悄悄地爆发。比如，当一个伴侣觉得自己的努力未得到足够的赞赏时，火药味就开始蔓延。此时，他可能真正渴望的是更多的认可和尊重。如果能在吵闹中沟通，他成功传达了这个需求，而对方也能够理解并做出积极回应，那关系就能因此更上一层楼。

✦ 迅速揭示真实需求 ✦

吵架在亲密关系中扮演了一个有趣的角色，它能够迅速揭示出双方真正的需求和感受。虽然吵架通常被认为是负面行为，但实际上它

探寻根源

> 为啥只有我自己做家务！

> 我每天真的很辛苦啊，确实没时间做家务。

揭示需求

> 我其实希望你能理解我也有工作压力，家务需要你的支持。

> 我明白了，之前确实是我疏忽了。

转变需求

> 我希望我们能找到一个更合理的分工的方式，这样我们都能感到轻松。

> 好的，我们可以一起商量一下，找到一个适合我们的解决方案。

达成理解

> 谢谢你能够理解并支持我。

> 是我的问题，我们好久没有这么轻松地看日落了。

提供了一种直截了当的交流方式，帮助双方更深入地了解彼此。例如，Sarah 和 David 经常因为家务分工问题吵架。每次争执后，他们都能更清晰地理解对方对平衡家庭责任的真实期待和感受，从而找到更合理的解决方案。

✦ 转变需求，从抱怨到建设性沟通 ✦

吵架的背后通常隐藏着更深层次的需求和情感。理解吵架背后的真实需求，是解决冲突和加强关系的关键。通过将表达方式从简单的抱怨和唠叨，转变为"我希望……这样我们就能……"的建设性表达，可以更有效地沟通和理解对方。

✦ 满足彼此的需求，达成理解 ✦

当双方真正传达并满足彼此的需求时，争吵不再是关系中的绊脚石，反而成为促进理解和增进关系的机会。理解并积极满足自己和对方的需求，是建立健康的亲密关系的重要一环，使得吵架本身不再是心头的大敌。

异地恋指导

恋爱太孤独该怎么办

在快节奏的当下，人们谈恋爱面临的考验越来越多：有人因为工作或者学习，长期分隔两地，被迫谈起了异地恋；有人虽然谈了恋爱，但需要对方的时候，永远派不上用场。这种"一个人坚强"的孤独恋爱到底该何去何从？

你是否有过这样的困惑：

感觉爱人似有似无。

需要恋人在身边的时候，根本联系不上。

看到别人出双入对，感到很失落。

自我怀疑，对方不联系自己的时候和谁在一起？

异地恋可以称为爱情版的生存游戏。现实中的地理距离，注定恋人见面很难，虽说现在视频聊天很方便，但缺少了那份真实的身体接触和眼神交流，让感情很不稳定。即使在屏幕上热聊得不亦乐乎，放下手机后，瞬间被孤独和空虚淹没，很多时候这份空虚和寂寞会增加情侣间的摩擦。地理距离不仅拉开了两颗心的距离，还给了嫉妒和不信任落脚的好地方。总是担心对方是不是背着自己把"蜜糖"涂在了别人的"面包"上，还是在另一个城市开展另一个"秘密任务"？这种猜疑，让人时时刻刻处于心力交瘁的状态。在这种情况下，想要把两人的爱情维持下去，往往要花费更多的精力和时间，去应付种种情感方面的挑战。

恋爱前

好想有个另一半，一起"薅羊毛"！

但是！

当你有一个"隐形"恋人

加班是他的常态，你拥有了各种"独自浪漫"的机会。

看到情侣套餐，只能气急败坏地打电话给男朋友。

冷漠地看着其他女孩因为害怕躲进男友怀里。

冷漠地看着情侣一起选衣服。

冷漠地看着其他情侣一起散步。

♥ 如何维持异地恋的感情

✦ 沟通最重要 ✦

受限于地理距离，异地恋人在短时间内很难见面，因此线上沟通是唯一交流感情的方式。而在这期间，聊天是必不可少的。如果情况允许，甚至可以把聊天当成每天的"必修课"。如果对方没有主动聊天的意识，你应该自发地去找对方交流。要是长时间不沟通，或者把聊天当儿戏，不好好讲话，那么恋情迟早会草草结束。

✦ 追求共同目标 ✦

现实中绝大部分异地恋都是"持久战"，如果双方没有可以追逐的明确的共同目标，他们很难坚持下去。共同目标可以有计划、分阶段地进行。比如某个时间在什么地方见面、某个时间一起去哪里旅行、什么时间段去做哪些事……这样做不仅可以提高双方对未来的期待感，提升对恋爱的主观能动性，同时也是培养恋人之间信任感的重要一环。

✦ 制造小惊喜 ✦

线下面对面互动，可以拉近异地恋情侣的感情。因此，在条件允许的情况下，可以来到对方的城市，突然给恋人一个惊喜。除此之外，还可以悄悄给恋人准备礼物，邮寄到对方生活的地方，或者准备浪漫的约会，等等。这些甜蜜的惊喜对维系异地恋爱很有帮助。

✦ 培养共同的爱好 ✦

异地恋人最怕的一点就是没有话题，然后彼此越来越生疏，直到恋情分崩离析。为了避免这样的结局，应该早早培养共同的爱好，比如学习、游戏、追剧等。只有这样，每天才能有聊不完的话题，在异地恋过程中，保持高度的热情。

✦ 信任是基础 ✦

异地恋期间，有的人会因为情侣经常不在身边而胡思乱想，这是不正确的。想要拥有健康的恋情，双方都需要对彼此抱有理解、尊重的想法，试着多信任恋人，要对恋人适当的关心，嘘寒问暖，不要没有边界感，过度侵犯恋人的隐私空间。

除了异地恋，在现实中还存在一种"丧偶式"恋爱，就是那种恋人几乎不在生活中出现、平时基本很少聊天、遇到困难对方也置之不理，明明已经不是单身，但却跟单身时过得一样的情况。一般来说，这样扭曲的恋爱关系，在异地恋中比较常见，但事实上，这种情况在距离不远的同城情侣身上也不少见。其实，爱情的关键不在于恋人间地理距离的远近，而是在于人本身。只要双方有意愿，能够一起用心经营这段感情，那么"所爱隔山海，山海皆可平"就不是一句空话。

领地意识

如何应对情场竞争者

所谓情场如战场，恋爱中出现来自外部的竞争并不稀奇。或者不如这样说，包括爱情在内，人生来就是需要竞争的。只有在情场中获胜的一方，才能收获并守护自己的爱情。

你是否有过这样的困惑：

自己的情敌很强势怎么办？
喜欢的人似乎更倾向于自己的情敌。
对自己没有信心怎么办？
该怎么面对情敌的骚扰呢？

我喜欢你，请跟我交往。

我更喜欢你，请做我女朋友。

在情场上，出现情敌不可怕，因为既然你能被喜欢的人吸引，那么这也意味着，对方身上的优点也能吸引其他人，所以有别的追求者很正常。但最可怕的是，你喜欢的人更加青睐你的情敌，那才令人感到崩溃。不过，你也不用太紧张，只要摆正心态，应对正确，打败情敌并不是一件难事。

♥ 如何在情场中胜出

稳住心态，找到心仪对象的需求点。

选择适合自己的进攻方向。

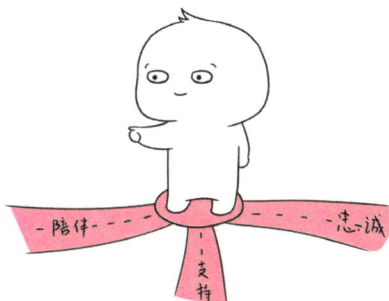

多刷存在感。

寻求他人帮助。

✦ 心态稳定很重要 ✦

对于情敌，你要有一个清醒的认知：他们不是从天而降，而是一直都在。如果你喜欢的人足够优秀，那么除了你以外，对方一定还有别的追求者。放宽心，别被这件事实左右心态。难不成你会因为喜欢的人有别的追求者，就不喜欢对方，放弃追求吗？

✦ 过度竞争不可取 ✦

在战场上，士兵为了胜利和保命，需要与敌人真刀真枪地拼杀。同理，在情场中，你与情敌直接竞争也是避免不了的事。但从某种意义上讲，情场竞争要适当。如果为了获胜不择手段，赢了也不怎么光彩。要知道，每个人都有独属于自己的魅力和吸引力。在情场竞争中，你最应该做的就是"扬长避短"，不断学习、改进，并提升自己，从而让喜欢的人注意到优秀的你。

✦ 多刷存在感 ✦

心理学上有一种"曝光效应"，指的是人们会更喜欢自己熟悉的事物。这点在恋爱中也是一样的。想象一下，如果是你谈恋爱，是会选择一个熟悉的、有好感的对象，还是选择一个没见过几次、接触少的人呢？答案不言而喻。通俗一点讲，在追求心上人的时候，只要你出现的频率比情敌更多，你的赢面就更大。当然，刷存在感讲究的是"自然"。比如你可以赠送心上人一些使用频率高的小礼物，或者多在心上人的社交状态里"冒泡"、点赞、评论，又或者在心上人遇到困难时及时出现。如此潜移默化之下，赢过情敌简直轻而易举。

✦ 加强信任 ✦

多对心上人投入信任，少些猜测和怀疑。毕竟对方是独立的人，即使你们真的在一起了，人家也有自己的隐私和空间。保持镇静、成熟的态度，理智分析问题，否则过度的揣测只会破坏你们的关系，给情敌乘虚而入的机会。真到了那步，大好局面一朝丧，再想翻盘可就难了。

✦ 寻找场外帮助 ✦

恋爱不是那么死板的事，没人规定在情场上必须单打独斗。遇到强大的情敌时，你完全可以向自己的亲友、家人，甚至专业人士求助，向"军师"们咨询建议，以便更好地应对情场竞争。

Chapter 6

爱情保鲜，制造松弛感氛围

♥

♥

♥

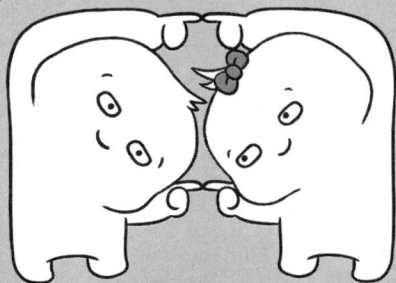

相处方法论

让交往环境变得轻松、融洽

　　一个人生活与两个人一起生活，是人生中截然不同的两种生活状态。恋爱只是亲密关系的"新起点"，更难的是该怎么让这段感情走得更长久。为了实现这个目标，情侣们在恋爱关系中，更愿意追求舒服的相处方法与交往环境。

你是否有过这样的困惑：

为什么跟恋人待在一起有时候会不自在？

为什么两个人在一起越来越没意思？

明明谈恋爱是件幸福的事，我却很疲惫。

感觉两个人越来越不合适了。

　　许多情侣谈恋爱以后，都会遇到这样的问题：刚谈恋爱时，双方情意绵绵，难分难舍；但在谈了一段时间后，两人的关系就会莫名其妙地变疏远，最后要么和平分手，要么吵闹一场，一拍两散。而这些情侣之所以落得如此结局，显然是没有搞清楚一件事。那就是在恋爱交往时，男女到底怎么相处，才能让爱情长久。

💗 三步倾听法

人们通过"说"透露出更深层次的需求，那么怎么"听"才能获取对方真正想表达的信息呢？

情侣之间通过"说"透露出的需求往往不仅仅是字面上的信息，更多的是情感和潜在的期望。

首先我们要搜集对方话中的信息，这是倾听的基础。明确信息的来源，理解另一半说这些内容的背景和立场才能更准确地分析对方的情绪。想要正确理解听到的这些需求，不仅要听到对方说了什么，更要洞察其中的情感表达和未说出口的心情；分析对方说话的时机、场景、语气，从而探究并思考背后的动机和情感需求。通过全面地分析，你可以更深刻地理解对方的言外之意，捕捉到隐藏在话语背后的真正需求。

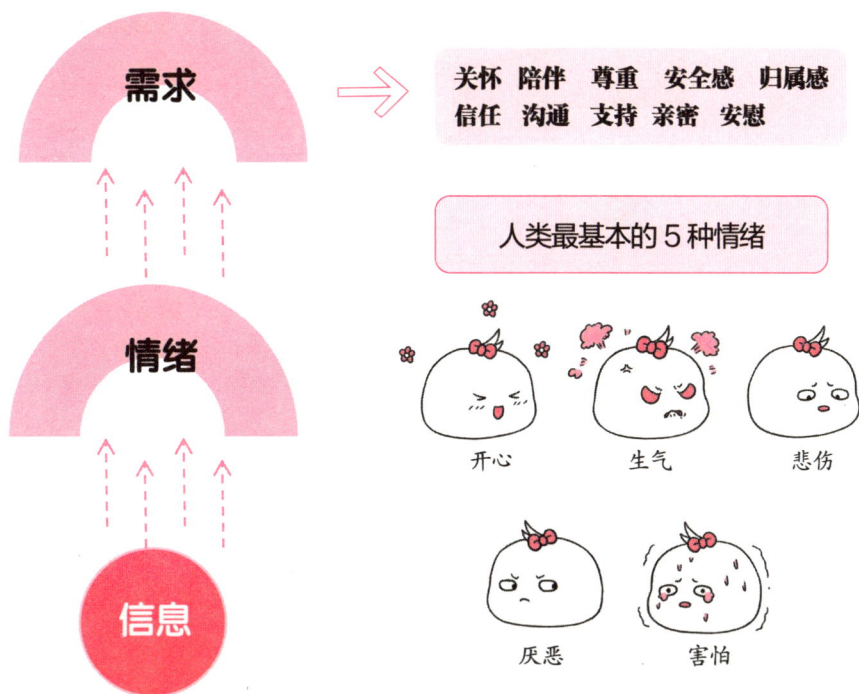

需求

关怀　陪伴　尊重　安全感　归属感
信任　沟通　支持　亲密　安慰

情绪

人类最基本的 5 种情绪

开心　　生气　　悲伤

厌恶　　害怕

信息

漫画情侣相处论

通过对方表达的信息，判断对方现在的情绪。

通过询问，再次收集信息。

通过对方反馈的信息给予对方情绪价值。

💗 如何让相处的环境变融洽

✦ 尊重差异，互相磨合 ✦

从客观上看，恋爱后的情侣就算关系再亲密，也仍然是独立且不同的人。双方不光在生理上存在差别，心理方面、生活习惯也都有着明显区别。基于这种情形，情侣如果没有足够的心理准备，在相处时难免会磕磕碰碰，进而产生各种矛盾。不少情侣没有走到最后，都是输在了这一步。因此，你在谈恋爱时，千万要记住一点：学会尊重差异。举个例子，你喜欢打游戏，对方热爱追剧；你习惯早睡，对方更喜欢熬夜……这就是一种很直观的差异。想要相处得融洽，爱情能够长久，就一定要接受差异的存在，同时尊重彼此，相互磨合，比如一起看电影，一起玩游戏，一起塑造不累人、不费神的相处模式。

✦ 保持相对独立 ✦

健康的恋爱关系应该是平等的，没有谁是谁的附庸。如果有一方一味地去纠缠另一方，打着爱情的旗号，肆无忌惮地侵犯对方的私人空间，那么这种令人窒息的爱情，注定会被淘汰。即使谈恋爱了，彼此也都有着自己的生活、事业与爱好，哪怕是情侣也不能过度干涉对方的个人生活，那样只会把两人的关系越推越远。

✦ 好感情是夸出来的 ✦

谁都喜欢关系亲密的人夸自己，尤其是倾注了感情的恋人。夸奖与称赞能带给人们充足的情绪价值。别把恋人做的事情看作理所当然，毕竟没有哪条法律规定，那是对方必须要尽的义务。而且正因为对方是你的恋人，你比其他人更有夸赞的理由和动机。如果你能长年累月地夸赞恋人，不间断地为对方供给情绪价值，想必你们的相处氛围一定其乐融融，爱情和和美美。

直接夸赞：亲爱的，你今天打扮得真漂亮！
间接夸赞：你知道吗？今天我同事看到你了，还夸你是个帅哥呢！

◆ 包容的心胸 ◆

谈恋爱的时候，你来我往，有时免不了发生摩擦、争执。有的人在面对矛盾时，选择硬碰硬的方式，结果导致越闹越僵，越吵越凶，最后分道扬镳。当然，这只是最坏的结局。正常情况下，双方应该控制激动的情绪，以冷静的态度与包容的心态来面对问题。别太自私，光想着自己是没法让爱情"长寿"的。要学会换位思考，想想怎么解决你们之间的争端才是当务之急。

◆ 浪漫的惊喜 ◆

在很多人的印象里，爱情总跟浪漫紧密联系在一起。事实也的确如此。适当的浪漫与惊喜，能让爱情变得更甜蜜，新鲜感保持得长久。诚然，柴米油盐酱醋茶的平淡，也是爱情的一部分。但吃惯了家常小菜，偶尔品尝一下山珍海味也是应当的。想象一下，当恋人在你没有准备的情况下，突然为你献上一束花、送一份特别的礼物，你会不会很开心、很激动？看似不起眼的浪漫行为，不仅能让恋人感受到关爱，也能增进双方的感情。

马太效应

好缘分会降临在什么人身上

在 20 世纪中期，曾经有一位学者提出这样一个理论：优势的一方在绝大多数情况下，只会越来越占据优势。简单来讲，就是强者愈强，弱者愈弱。这套理论被人们冠以"马太效应"之名，并被广泛应用于社会学、心理学、经济学，以及"恋爱学"中。

你是否有过这样的困惑：

喜欢的人比自己优秀怎么办？

自己在恋爱上投入很多感情，为什么对方反应平平？

在面对恋人时，总觉得不自信。

谈恋爱时总觉得自己是付出最多的一方。

根据"马太效应"的理论，一个人拥有的越多，那么在未来还会占有更多。将这套理论代入恋爱关系里，我们可以发现一个人表现得越是强大、优秀，那么对方在婚恋市场上就越受欢迎。反之，如果有人在恋爱方面，主动将自己摆在了弱者的位置，那么这份感情就很难被珍惜。也就是说，平时越不缺爱的人，拥有爱的机会比其他人更多。

♥ 那些恋爱关系里的马太效应

✦ 恋爱正吸引 ✦

能够在恋爱关系中笑到最后的人，多多少少都有"一技之长"，比如性格好、外貌出众等。这种因为某一方面突出，所以吸引更多人注意和追求的情况，在现实中屡见不鲜。

✦ 优质资源会带来一切 ✦

在恋爱市场中，强者更容易拥有一切。这里所说的"强"包括方方面面，比如钱财、社交人脉、职业地位、社会影响力等。举个例子，你有两个相亲对象，一个平平无奇，另一个是比较出名的公众人物。如果非让你选一个共度余生，你会选择谁？想必经过综合考量，绝大部分人选择的都是公众人物。因为后者享有的社会资源是前者比不了的。为了未来考虑，选择后者无疑是比较合适的。

✦ 情感不对等 ✦

很多时候，在恋爱关系中占据弱势地位的一方，为了经营爱情，投入的情感比例要远大于另一方，具体表现就是不断地讨好强势的另一半。然而，越容易得到的感情，越难以被珍惜。当强势的一方对另一半的付出习以为常后，给予对方的情感回报就会越来越少。而这种情感收支方面的不平衡如果持续下去，会让恋爱关系朝着不健康的方向一路狂飙，最终走向毁灭。

漫画恋爱中的马太效应

媳妇，累坏了吧。

以前都认为女人被男人宠才幸福。

现在心智成熟的女人才更容易拥有幸福。

爱情缺的并不是姣好的外形，而是稳定的情绪。

你变了，你为什么不能像以前一样哄着我！

别作了，我真的累了！

如果你的幸福取决于对方对你的态度，你必然会变得面目全非。

我可以把你抬得高一些。

平等的关系才能更长久哦。

其实，越自爱越有人爱。

135

♥ 如何面对马太效应，让爱情持久

提升自我，建立信心

对于另一半在恋爱关系中的优势地位，不要表现得太过在意。与其纠结双方地位的强弱，还不如趁机多关注自己，找到自己的优点和价值，有针对性地进行提升，比如培养好的兴趣爱好、提高自己的文化素养、锻炼各项生活技能，尝试全方位的强大，建立自信心，争取在这段恋爱关系中达到真正的平等。

尊重第一，平等最重

好的恋爱关系不应该存在强迫、控制与谄媚，平等和尊重才是正常恋爱的"主旋律"。没有谁比谁高贵，更没有谁比谁低廉，持久的爱情理应建立在尊重、平等与理解之上。

开放沟通，真诚相待

谈恋爱不要羞于表达，为了爱情的长长久久，有什么想法一定要说出来。只有向另一半明确表达出自身的感受和需求，你们的关系才能得到更进一步的发展。

保持独立与自主

或许你的另一半很优秀，社会地位高、金钱富足、事业发展好……但你也不要过度依赖另一半的优势。要时刻记住"靠山山倒，靠人人跑"，无论什么时候，只有自己才是最可靠的。因此即使你谈了恋爱，也不要丧失自己的独立和自主。

✦ 定期评估，及时调整 ✦

好的恋爱关系，不应在发展过程中偏向任意一方。要想爱情走得远，追求平衡与共同利益是非常有必要的。毕竟恋爱是两个人的共舞，演出能不能顺利落幕，彼此的配合很关键。因此，定期评估恋爱关系是很重要的一环。一旦双方发现有不健康的情况，要立刻调整，或者及时寻求他人的支持与建议。

情绪价值
为什么说恋爱需要"松弛感"

持久的爱情需要两个人共同努力经营。然而，很多情侣在日复一日的相处中，容易滋生出焦虑、烦躁、不安之类的负面情绪，进而爆发争执，最终分手。好好的爱情为什么会"破产"呢？其实，这跟双方过于在意彼此，缺少"松弛感"有关。

你是否有过这样的困惑：

对方付出太多了，我总感觉对不起他。
不在恋人身边的时候，老是爱胡思乱想。
恋人遇事总是很淡定，他是不是不在意我？
总想对她好，但是为什么感觉适得其反呢？

糟了！

用力 过猛

　　"松弛感"是什么？它是一种积极的情绪氛围。一些人在谈恋爱时，常常把自己绷得很紧，表现的过于在意另一半，时刻嘘寒问暖。殊不知，这种过度的反应，只会让爱情充斥着一股紧张感与压迫感。这显然不利于双方爱情的"可持续发展"。因此，追求舒适且长久的相处氛围，也就是"松弛感"，成了许多情侣梦寐以求的目标。

♥ 谈恋爱保持松弛有什么用

1. 缓解压力，告别紧张

　　在恋爱关系里，事无巨细、事事关心的态度，不光会让自身时刻处于高度紧张的状态，也会让另一半感受到无形的巨大压力。这对双方的爱情有害无益。只有放松下来，情侣才会相处得更加自然，也能真诚沟通，表达真情实感。

2. 有利于增进亲密度

　　恋爱中过于在意彼此的生活状态，会让两人相处得小心翼翼。而松弛感能打破现状，促使双方开诚布公地交谈，进一步吐露心声，分享彼此的感受和经历，方便情侣间进一步加深联系，建立起更深层次的亲密关系。

3. 减少矛盾冲突

　　当情侣双方能在相处模式中感受到轻松愉快时，发生争执的可能性会大大减少，有助于推动恋爱关系走向和谐。

♥ 如何保持恋爱中的"松弛感"

虽然你喜欢我化妆后的样子，但是我更喜欢现在的自己。

最该关注的是自己的感受。

在矛盾产生后调整自己的节奏。

我应该听你的，今天不适合到户外。

但是我们有遮阳伞避雨，不是吗？

转念一想。

千不该万不该，
你不该踩我底线。

K.O!!

保持清醒的
头脑。

　　改掉恋爱过程中过度在意对方的习惯，转移关注的重心，多重视自己。事事替恋人考虑、一味地讨好未必能换来回报，而且刻意迎合辛苦的不光是自己，也会给另一半带来压力。

　　学会自我调节，找到自己的生活节奏。在与恋人日复一日的相处中，负面情绪的产生在所难免。因此学会自我调节、排解很重要。你已经做得很好了，完全不需要为已经发生或者未来的事感到焦虑，以良好的心态直面生活的不如意，才是最重要的事。

　　降低期待，学着包容另一半，不要被自己的情绪左右。你的另一半是独立的人，有着自己的想法，不能图一时之快，就把自己的念头强行灌输给对方，试图让另一半按照自己的意志做事。有时候，事事并不都能称心如意，不要让自己陷入无止境的情绪内耗，那样丝毫没有意义。

　　别把情侣间的争吵当成天塌一般的事。作为朝

夕相处的情侣，平时有点小矛盾很正常，只要没触及你的底线，关系到原则问题，就没必要在意这些小事，它们没什么大不了。

不要自我封闭，也不能舍弃原本的社交圈子。要知道，爱情并不是你人生中的唯一，亲情、友情同样是你生活中重要的情感来源。为了爱情而减少甚至切断与父母、朋友的往来是不可取的，一定要多花时间和精力去维护这些关系。

过度需要
为什么你越黏人对方越冷淡

如果给人们的交际圈列个排名表，肯定有相当一部分人将恋爱对象或另一半排在前列。然而，如果人生完全以伴侣为中心，那么这段恋情的结局多半不会很乐观。

你是否有过这样的困惑：

为什么自己时刻都想黏在他身边？

收获了爱情，也收获了窒息感。

一开始很喜欢他，但是现在很烦他了。

对方为什么越管越宽？

情侣在刚进入热恋期的时候，恨不得天天黏在一起。但等新鲜感过了，这种现象就会变少。然而，现实中还存在一种特殊情况：一方适应不了另一半回归平淡的情绪，开始想方设法黏着恋人，尝试出现在对方生活中的每个角落。可令他们失望的是，大部分恋人对这种表现很抵触，态度也越来越冷淡。事实上，对于任何一段恋爱关系而言，过度依赖其实都是一种"病"。

❤ 为什么有的人会过度依赖恋爱对象

从本质上讲，一部分人对另一半恋恋不舍，离了对方就寻死觅活，主要是因为缺乏安全感。这类人因为成长经历或者家庭影响，导致内心很没有安全感。直到有了倾心的恋爱对象，为了弥补多年来缺失的安全感，往往会表现得很激进，守着恋人寸步不离。

▲

"黏人"的具体表现：

随时随地与恋人用社交软件联络

经常不自觉地提到恋人的名字

热衷于在公开场合展现与恋人的关系

对恋人的正常交往表现出异常嫉妒

总是围绕在恋人的身边

……

▼

你一定是全世界最可爱的女孩子。

我的另一半活泼可爱，
我特别想和他共度余生。

后来她越管越多……

他居然有这么多女人的微信！

开始对我实施各种限制手段。

她开始变得神经质，总是提出一些过分的要求。

以前舍不得她流一滴眼泪，现在我只想离她远点。

145

终于，
我离开了她，
我不想再活在监控下。

再见了……

♥ 为什么另一半会冷淡对待黏人的对象

刚热恋的时候你好我好大家好，但等热恋的新鲜感退去，恋人过度依赖自己的表现，就没有以前看着那么可爱了，甚至还会对恋人的"过度依赖"产生疲惫心理，觉得对方步步紧逼，带来的压力实在令人感到不安与厌恶，然后出于自我保护的想法，用冷淡作为自己的盾牌，把一切不利因素抵挡在外。

> ⇨ Tips：心理距离理论
>
> 人们在心理上需要一定的距离来保持自我感觉和独立性。当一个人过度需要另一半的陪伴和关注时，可能会导致对方感到心理上的压力和负担，进而表现出冷淡的态度以恢复自我感。

即便是亲密无间的情侣，也应该拥有属于自己的"安乐小窝"。但恋人过度依赖的"症状"，无疑会进一步侵占另一方的私人空间，相当于有人逐渐用手扼住了你的脖颈，让你感到束手束脚，忍不住打心底里产生厌恶感，因此选择用冷淡的态度拒绝另一半继续"入侵"。

> ⇨ Tips：个体空间理论
>
> 　　每个人都有自己的个体空间和社交距离需求。有些人因为过度依赖他人的情感支持和关注，会忽略对方的个人空间和需要。在不断侵犯对方的个体空间时，对方可能会感到不舒服和烦躁，感到被突破了个人边界，从而选择用冷淡来保护自己的心理距离。
>
> 　　想象一对恋人，其中一个经常要求对方时刻和自己在一起，甚至连日常生活中的私人空间都要分享。对方可能会觉得窒息和压力，因为他们无法获得独处的时间和空间，于是选择远离或变得冷淡。

　　我们要明白一件事：爱情是爱情，依赖是依赖，前者是双方共同努力的结果，后者是单方面的索取，两者之间并不能画等号。如果想做到爱人而不过度黏人，首先就要自强自信，不再受缺乏安全感的困扰；在与恋人相处时，适当保持距离感，明晰彼此的边界，别让对方感到压力与压迫。一个人的安全感来自自己，而不是他人。

Chapter 7

维系长期关系，同频共振是关键

能量对等

为什么他／她不能迁就我

　　人生来就是带有一定能量的。这里提到的能量不是物理学中常规意义上能被检测到的能量，而是一种看不见、摸不到的无形"能量"，比如内心情绪、个人兴趣爱好、三观认知等，都可以算作这股无形能量的一部分。亲密关系想要长久，这些能量就是关键。

你是否有过这样的困惑：

他对我很好，可是总觉得差点意思。

感觉只有我自己在付出。

什么都要听他的，让我感觉自己很没有价值。

为什么他不能迁就我？

　　人与人之间的关系，孤芳自赏只是偶然，你来我往才是常态，恋爱也是同样的道理。最和谐的恋爱关系是双向奔赴，持久的恋爱关系需要能量对等。如果只有一个人单方面释放能量，那么当对方感到疲惫时，就是这段关系的终点。

　　他们会在无意或有意间传递消极情绪、无端的批评和抱怨或是对伴侣施加无形的压力。比方说，当你开心地与对方分享一天的收获，但他却冷淡回应或者干脆无视，这种行为很容易让你感到不快，从而流失内在的能量。

他们可能是那些总爱找碴、爱挑战伴侣边界的人。他们通过一些无关紧要的小事制造争端，而不是通过真诚的交流来解决问题。他们会在伴侣面前过多地谈论自己的不幸，期待得到安慰，却忽视了伴侣也需要同样的关心和支持 。

心理学家阿德勒说："爱情结出婚姻的果实，这是一方对另一方奉献的具体形式，体现为生理上的亲密吸引、相濡以沫的厮守，以及生儿育女延续后代的行为。"两个人由陌生到相识，再到走向亲密的关系，靠的不仅仅是一种缘分，荷尔蒙是有限的，两性之间若想要达到长久健康的亲密关系，就需要懂得"共生效应"。

你有没有发现一个很有意思的现象？

那些事业成功、足够洒脱的人，往往不喜欢被约束。

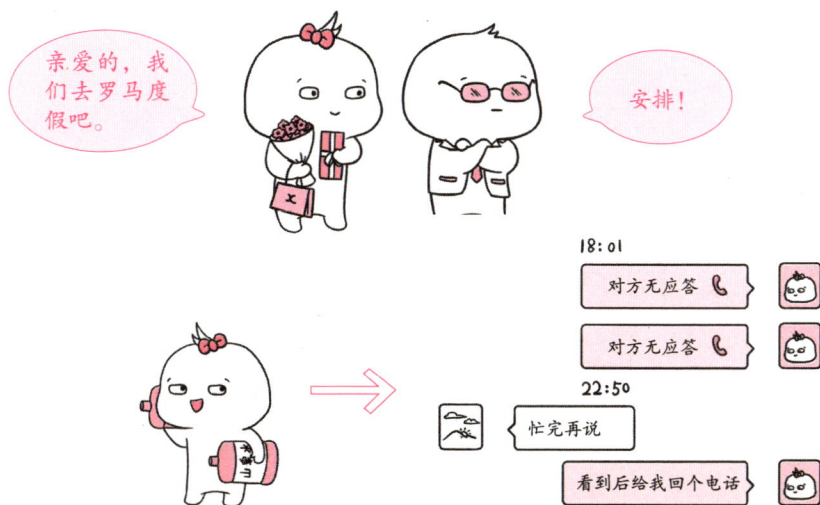

151

年轻的"小鲜肉"，身体好、有活力，
但可能不成熟，心性幼稚。

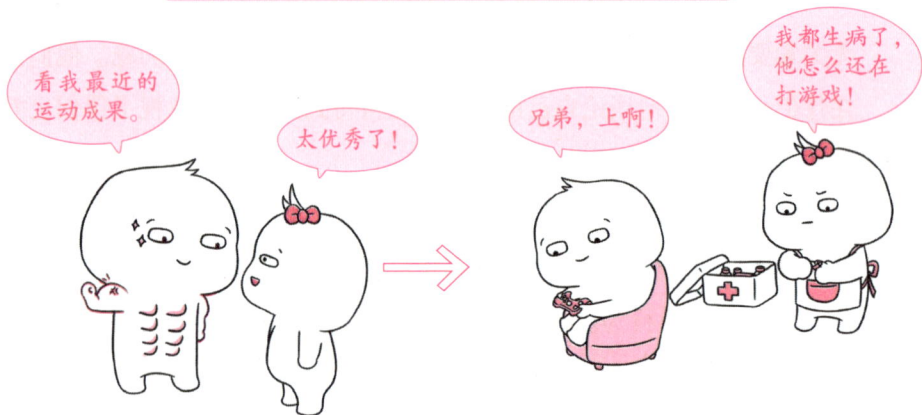

看我最近的
运动成果。

太优秀了！

兄弟，上啊！

我都生病了，
他怎么还在
打游戏！

家里的大小
事交给我你
就放心吧。

亲爱的，
有你真好。

但是，你认为的，
那些老实本分的人，
往往也会很无聊。

你……

我猜这次还是
小红自己来。

她男朋友真是
个无聊的人。

我在家等你。

你自己去吧。

我不喜欢聚会。

♥ 情感心理学中的"共生效应原理"

恋爱关系中的共生效应是指两个人在长期相处中，彼此的情感、行为和生理状态逐渐趋向同步和调适的现象。说简单点，共生效应意味着两个人在情感上互相依存和支持，相互帮助和成长。

✦ 兴趣相投，志同道合 ✦

一对陌生的异性在茫茫人海中相遇、相知、相恋，从数学概念上讲，这完全是一起概率很低的随机事件。但在现实的恋爱关系里，随机不等于随意，偶然中也包含着必然。为什么两个素昧平生的人能走到一起？维系他们的感情的关键又是什么？答案其实很简单，朴素点讲是共同的利益，换感性的说法，那就是共同的兴趣与爱好。因为志趣相投，有着差不多的兴趣与爱好，比如读书、唱歌、打游戏等，他们才有了相遇并加深了解的契机。如果双方兴趣爱好不一样，恐怕一开始连相识的机会都没有。毕竟通俗点讲，两个人能够在一起，不轻易分手，很大因素就是为了共同的喜好。而这也是为什么说能量对等，才能维持联系。

当然，契机也只是契机。只凭共同爱好和兴趣，即使能让情侣在一起，也很难让这段恋爱关系持久发展下去。因此，想要爱情长久，还需要其他"成分"的滋补。

✦ 差不多的认知与三观 ✦

一般来说，人对事物的认知和看法，与自身成长的经历、环境教育有关联。能跟你走到一起的异性，多半是与你认知相似的类型。针对一件事，你们往往有着差不多的感受与看法，会发表类似的观点。在这种心心相印的默契下，能量对等的你们在感情上产生共鸣，已经是可以预料到的事情了。就像你跟有的人聊天，总是话不投机半句多；而跟有的人聊天，却能兴致勃勃地聊上大半天。可见如果没有相近的认知与三观，就算能短暂地和睦相处，未来等待你们的也多半是数不清的摩擦与争吵，没法长久地走下去。

<h2 style="text-align:center">✦ 互补达成平衡 ✦</h2>

现代社会的生活压力这么大，你没办法永远保持积极向上的乐观心态。但如果你有一位能量对等的另一半，在对方的陪伴下，能量的流动可以滋补你萎靡的精神，让你重新振作起来。同理，当另一半陷入负面情绪中时，你作为伴侣，也能把自己的能量补充给对方。事实上，健康的恋爱关系，本质上就是两个能量对等的人"互补"，不论哪一方的能量下降了，另一方都可以为对方提供能量。只有这样，在需要时相互扶持，才能在爱情这条路上越走越远。相反，如果一个人始终不间断地对外输送正能量，并且不停地从另一半的身上接受各种负能量，那么别说能量互补了，这就是纯粹的能量消耗了。能量不对等，伤人又伤己，这也是谈恋爱最好能量对等的原因。

交织的亲密关系
如何让恋人保持同频

有句俗语叫"鸡同鸭讲"，意思是说两种不同的动物用各自的语言讲话，结果谁都听不懂对方的意思，可以引申为两个人没有共同语言，不能沟通。这个词语乍一看很幽默，有童趣感。但要是用它来形容恋爱关系的话，意义就很沉重了。一段无法同频，甚至连沟通都有问题的恋爱，显然是不能持久的。

你是否有过这样的困惑：

恋人跟自己的喜好不一致怎么办？
跟恋人谈了半天，结果对方总是左耳进，右耳出。
聊天以后感觉彼此的观念不同。
双方对于生活的态度不一样。

在恋爱关系中，"同频"是什么意思？其实答案很简单。同频就是你懂我，我也懂你，双方的感情、精神思想、价值观都无比契合，彼此感觉对方如同"世界上的另一个自己"一样，不由自主地产生一种"相见恨晚""一见如故"的感觉。

一份高质量的爱情，离不开双方间的"同频"，而"同频"的关键就在于把握节奏。

♥ "同频"的伴侣到底是什么样的

✦ 精神同频需要有效沟通 ✦

　　所谓的"精神同频"指的其实就是情侣间在精神上的共鸣与理解。而这种同频又建立在有效沟通的基础上。毕竟如果连最基本的事都说不清楚，那么最后就真成了"鸡同鸭讲"了。别以为沟通是一件容易的事情，这本来就不是人们先天就有的能力，而是需要经过后天学习的。

无效沟通：你说你的，我做我的，谁也理解不了谁。

有效沟通：三言两语明白你的所有需求。

真正能在精神上与你达成同频的伴侣，甚至可以在你不说话的情况下，只凭一个动作、一个眼神就知道你的所思所想。而跟你不在同一频率的另一半，即使你把话掰开了、揉碎了，硬塞到对方的脑子里，对方也不一定能搞清楚你的想法，无异于对牛弹琴，除了把自己气得够呛，没有半点成效。

✦ 生活同频才能融洽 ✦

有赖于现代科技的发达，情侣已经摆脱了地域的局限性，不同地区甚至不同国籍的异性缔结恋爱关系的情况并不罕见。而由于双方生活环境、成长经历、教育背景有差别，使得在生活习惯、价值观等方面也有不同。举个例子，你爱吃辣，对方却吃不了辣；你觉得放假就应该趁着大好时光出门看看，对方却想窝在家里休息……这些事情看似不起眼，可点点滴滴积累起来，很容易成为压垮骆驼的最后一根稻草。生活同频，你好我好；生活不同频，身心俱疲。当然，这样的说法有些夸张，但不能否认的是，在生活方面没法达成同频的情侣，想要继续在爱情中乘风破浪，基本没什么可能。值得一提的是，生活方面的同频不一定是先天造就的，也可以通过后天的接触发生改变。比如你以前不吃辣，后来在伴侣的推荐下，慢慢喜欢上了吃辣；过去你不爱旅游，却在另一半的熏陶下，热爱上了旅行。

两个人可以一起幼稚	也能各自专注
biu biu……	

可以一起聊电影	也可以一起聊人性
这个电影配乐也太赞了！　是的，致敬了很多大师呢。	你觉得生命的意义是什么？　我觉得是多维度的，从……

♥ 如何把握"同频"节奏

1. 感情上的平衡

在缔结恋爱关系后，情侣间的相处一切以舒适为主，平时怎么舒坦怎么来，只要保证双方在感情方面的投入是相对平衡且同步的即可，不要让彼此的感情变得疏远，

时刻保持亲密联系，但也不要让另一半感到压力。

2. 进度协调统一

　　双方在发展亲密关系的过程中，要保持步调统一。可以一起制订共同的目标与计划，确保双方能够在同频的基调上，继续勇往直前。

3. 良好沟通很关键

　　沟通的重要性不言而喻。好好说话是一门艺术，只有把双方的需求、感受准确无误地传递，才更有利于情侣间节奏一致，保持同频。

4. 信任铸造安全感

　　恋爱关系最怕的就是信任缺失。情侣间没了信任维持，就像一盘散沙，风一吹就散。因此情侣相处要坦诚相待，拒绝隐瞒、欺骗，让安全感填满彼此的内心，一起面对生活中的困难和挑战。

5. 包容个人差异

　　就算是同频的情侣，在个性、习惯等方面也有区别。不要强求对方为了自己去改变，要学会尊重、理解、包容并接纳对方的差异。当然，如果有必要的话，也可以灵活调整自己的节奏，配合另一半保持同频。

幸福的最短途径
这四点，可以判断三观

在感情的世界里，"三观契合"是幸福的基石。然而，许多情侣在相处中常面临因三观差异带来的困扰。有的情侣在消费观念上大相径庭，一方主张及时行乐，另一方却坚持精打细算；有的在家庭责任分配上分歧严重，一方认为男主外女主内，另一方却倡导平等分担；有的在道德观念上存在冲突，一方坚守原则底线，另一方却容易妥协变通；有的在审美观念上背道而驰，一方喜欢简约现代，另一方钟情复古华丽。这些因三观差异产生的矛盾，若不妥善解决，会成为感情路上的绊脚石。

你是否有过这样的困惑：

对待人生，另一半和自己的态度截然不同。
伴侣对未来有明确规划，自己却只想走一步看一步。
感觉彼此之间一会儿合得来，一会儿合不来。
三观合是指什么都要一样吗？

现在越来越多的年轻人，都喜欢将"三观契合"作为一个重要的择偶标准。如果说物质上通过努力能改善，尚且可以迁就，那三观上的契合就比较难了。毕竟"三观合不合"没法用肉眼直观地观察出来，只能通过近距离接触慢慢体悟。但只要想了解彼此的三观是否契合，以下4个话题是必须要探讨的。

♥ 三观合不合，只看 4 个话题

✦ 探讨未来规划 ✦

作为一个步入社会的成年人，你理应对自己的人生有一个明确的规划。比如未来几年想做什么？要做到什么程度？以后的日子要怎么过？等等。只有对未来有着清晰的认知与计划，才会拥有为了它努力奋斗的勇气和决心，让人生变得闪闪发光。当然，话题的关键不在于你有没有对未来做规划，而是你的未来规划里有没有另一半的位置。再具体点，那就是你对未来的规划，能不能与另一半的计划相合。如果双方的规划整体大方向是一致的，那么你们未来还是有继续发展的可能，以后可以一起去完成那些规划里的目标。

你喜欢研究美食，那收拾厨房的事情就交给我啦。

太棒了，我真的不喜欢刷碗！

✦ 聊聊对人生的态度 ✦

这是一个老生常谈的话题。人的三观是后天形成的，它会变成什么样，完全取决于你过去的成长经历。基于这些"经验"，不同人对人生的态度、看法、观点肯定有区别。比如有的人喜欢安逸，渴望稳定的人生；有的人充满激情，热衷自我挑战；有的人认为及时行乐最重要，有的人觉得认真过好每一天，才是对人生最好的诠释……所谓"一千个人眼中有一千个哈姆雷特"，就算是亲密无间的情侣，也做不到三观绝对一致，但只要认可彼此对人生的态度，那么一切都只是小问题。

讲讲兴趣爱好

人在满足了最基础的物质需求后，会自然而然地追求精神上的满足，比如钻研各种感兴趣的爱好。人生在世，这是谁都避免不了的话题。一般来说，一个人的兴趣爱好，往往会如实反映出此人的"三观"。志趣相投的人能在一起越玩越愉快，这是双方建立共同语言的一部分。情侣之间有了共同语言，能玩到一起去，谈恋爱也能长久。

情侣健身达人

力量

✦ 处理矛盾冲突 ✦

　　情侣在一起久了，即便关系再亲密，有时也避免不了争执的产生。而吵架是一把双刃剑，有些人越吵越甜蜜，但有的人吵两次，人心就散了。这两种情况的差别就在于，双方有没有交换过该如何处理矛盾冲突的意见。这本质上是考验情侣双方能否建立尊重与开放的交流氛围。如果提前"约法三章"，三观相合的情侣就算吵架，也是在进行情感交流，完全不用担心越吵越伤感情。

只提出问题不去解决

矛盾　隔阂　沉默

提出的问题一起解决

矛盾

共同进步
什么是"成长型爱人"养成法则

　　许多人对恋爱有一种不太现实的憧憬：期望寻觅一段美好的爱情，寻找一位完美的伴侣。可正所谓"人无完人"，世界上哪有什么绝对完美的人呢？我们每个人都是不完美的个体，优点和缺点并存。在恋爱关系中，我们能做的就是找到一位愿意与我们共同成长的另一半，然后帮助彼此成为更优秀的个体。

> **你是否有过这样的困惑：**
>
> 房间乱糟糟，对方宁愿躺着也不愿意收拾。
> 另一半总是向朋友抱怨自己不争气。
> 一件事反复强调多遍，对方总是记不住。
> 自己努力成长，对方却原地踏步。

　　严格来讲，现代的爱情基本都属于"成长型爱情"：不完美个体结伴而行，在一次又一次的成长中，建立了令人羡慕的亲密关系。此时的双方不光是情侣，还是陪伴并帮助彼此成长的"战友""同盟"。只有经历了这些，才会形成健康且持久的恋爱关系。那么"成长型爱人"是怎么成长起来的呢？

好的恋人首先教会你的是不自卑

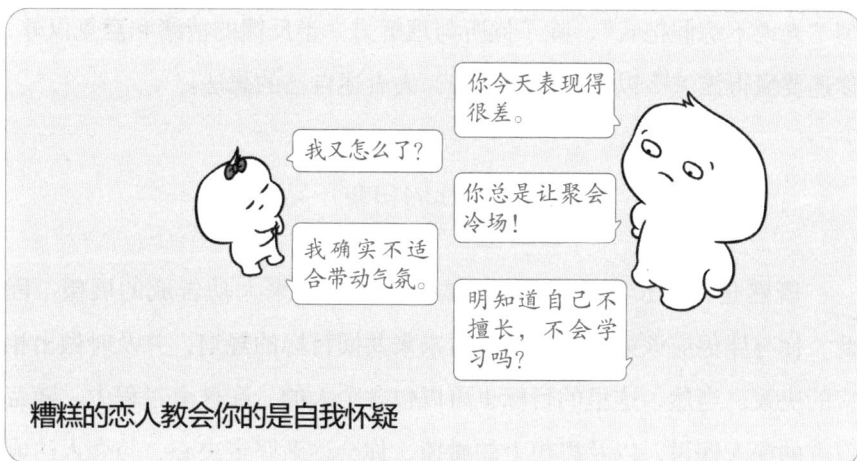

糟糕的恋人教会你的是自我怀疑

♥ 如何养成"成长型爱情"

✦ 加强自身学习 ✦

想要成为一名"成长型爱人"，必须具备一定主观能动性，不能安于现状，故步自封，那样不论是对你还是对你的恋人，都是一种极度不负责的行为。为了实现长久的恋爱目标，你应该通过学习的方式，专注提升自己，努力成长与发展。同时，不要因为一点进步就感到骄傲，要摆平心态，切忌妄自尊大，可以定期反思自己的行为，突破自身的局限性，寻求更大的进步。

✦ 推崇有效沟通 ✦

情侣间的很多问题都在于双方不会有效沟通。为了营造一段"成长型爱情"，你不能只关注自身的感受，还要投入更多精力，学会倾听另一半的需求，站在对方的角度，实时体会另一半的感受。另外，所谓"光说不练假把式"，除了倾听与理解另一半反馈的情绪和意见以外，你还要懂得该怎么以更有效的办法，去表述自己的想法。

✦ 规划共同目标 ✦

既然是"成长型爱情"，必然少不了对未来大功告成的展望。因此，你与伴侣应该第一时间制订对未来共同目标的规划，并及时做出相应的决策。当然，这里的目标也可以包含个人的。在这个过程中，随着双方的深入探讨，以及思想上的碰撞，你会逐渐坚定决心，与恋人达成共识：即使未来的道路布满荆棘，你们也要相互扶持，共同进步，为彼此加油鼓劲，披荆斩棘，迈向美好的未来。

✦ 开放的胸怀与建立信任 ✦

事实上，在决定培养一段"成长型爱情"后，你与恋人就不得不承认，世界上没有两片完全相同的树叶，人也同样如此。每个个体间的差异都是客观存在的：有的人喜欢看书，有的人喜欢唱歌，还有的人喜欢运动……就算是情侣也不例外。因此，你们应该尊重并理解彼此的差异，包容对方的特立独行。而且身为"成长型爱情"的当事人，理应以坦诚的态度去获取对方的信任，塑造足够的安全感，毕竟这是这段恋爱关系能成立的"基本盘"。

✦ 灵活调整，适应变化 ✦

现实既不是剧本，也不是编程，不存在什么运行逻辑，会随时因为各种情况发生变化。而这意味着你与恋人的爱情随时会面临不同的困难和挑战。想要达到共同进步的目的，"成长型爱人"应该灵活调整计划，针对发生的变化随时做好准备。

青蓝